EL GRAN LIBRO DE LOS
CASTILLOS

Lesley Sims

Diseño: Ian McNee, Andrea Slane y Stephen Wright

Ilustraciones: Dominic Groebner, Sally Holmes, Inklink-Firenze y Sergio

Asesora de Historia: Dra. Anne Millard
Redacción: Jane Chisholm
Ilustraciones adicionales: David Cuzik, Ian Jackson y Justine Torode
Diseño adicional: Susie McCaffrey

Traducción: Antonio Navarro Gosálvez
Con la colaboración del Dr. José Hinojosa Montalvo,
el Dr. Brian Hughes y Bernardino Roca de Togores y Cerdá
Redacción en español: Cristina Fernández
y Anna Sánchez

Índice de materias

Éstas son las ruinas del castillo de Blarney, en Irlanda.

Los castillos y los links de Internet

En la actualidad hay cientos de castillos que se están cayendo, pero en Internet cada día van apareciendo más. En este libro encontrarás muchos de los sitios web más interesantes sobre el tema. Si quieres visitarlos, entra en **www.usborne-quicklinks.com/es** y selecciona el libro en la lista de títulos. Encontrarás links a todo tipo de sitios en los que, entre otras cosas, podrás:

- Saber más cosas sobre la Edad Media: los torneos, el feudalismo, las cruzadas, la sociedad

- Visitar los castillos más cercanos y los más lejanos, llegando hasta Japón

- Disfrutar con la historia de Rodrigo Díaz de Vivar, el Cid Campeador

- Buscar el escudo de armas de tu apellido en una página de heráldica

- Descubrir algunas de las profesiones medievales que hoy casi han desaparecido

- Aprender sobre la música y los deportes del medievo

NO HACE FALTA ORDENADOR

No importa si no tienes Internet. Este libro por sí solo es una obra muy completa y un magnífico manual de referencia.

Consejos para internautas

Sigue estos consejos para navegar por Internet de forma segura:

- Pide permiso a tus padres o a tu tutor antes de navegar.

- No incluyas datos personales (tu nombre, dirección o teléfono) si dejas un mensaje en el tablón de anuncios o en el libro de visitas de algún sitio web. Consulta con una persona mayor antes de dar tu dirección de correo electrónico.

- Si un sitio web pide que te identifiques (log in) o que escribas tu nombre o tu dirección de correo electrónico para registrarte, pide permiso a una persona mayor.

- Si recibes correos electrónicos enviados por desconocidos, no contestes. Enséñaselos a tus padres o a una persona mayor.

- No debes quedar en encontrarte con personas desconocidas con las que hayas hablado por Internet.

Ilustraciones descargables

Las ilustraciones del libro que llevan una estrella ★ se pueden descargar gratis si son para tu uso personal; por ejemplo, para ilustrar un trabajo escolar. Usborne Publishing es titular de los derechos de propiedad (copyright) que prohíben la copia y distribución de las ilustraciones con fines comerciales o lucrativos. Para descargarlas, visita la página Quicklinks y, una vez en ella, sigue las instrucciones.

Sitios web no disponibles

Cuando un sitio web no está disponible, aparece un aviso en pantalla. Puede que se deba a un problema pasajero, por lo que conviene dejar pasar unas horas antes de volver a probar o incluso esperar hasta el día siguiente.

Si algún sitio web deja de existir, hacemos todo lo posible por sustituirlo con otro de contenido similar para que siempre tengas una lista actualizada de links a sitios web en Quicklinks.

A padres y educadores

Usborne Publishing revisa con regularidad los sitios web descritos en el presente libro y actualiza los enlaces que figuran en la página Quicklinks. Dado que los contenidos de los sitios web cambian constantemente, Usborne únicamente se hace responsable de su propio sitio web y no acepta ninguna responsabilidad relacionada con sitios web ajenos.

Es recomendable que se supervise a los niños mientras navegan por Internet y verificar que no participan en rincones de chat. Asimismo se recomienda la instalación de un filtro para eliminar material inadecuado. Los padres deberán asegurarse de que los niños siguen los Consejos para internautas que se ofrecen en esta página. Más información en el apartado Guía de Internet del sitio Quicklinks.

Links de Internet

Para acceder a muchos sitios web visita **www.usborne-quicklinks.com/es** y selecciona el libro en la lista de títulos.

Introducción

Donde aprenderemos qué son los castillos y en qué época y por qué razón se construyeron. También veremos qué aspecto tenían los primeros castillos que se erigieron.

El castillo de Bodiam, en West Sussex (Inglaterra)

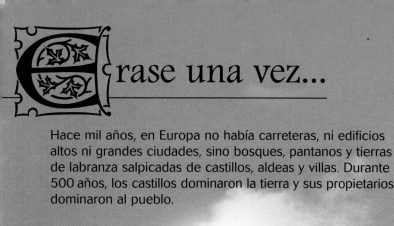

Érase una vez...

Hace mil años, en Europa no había carreteras, ni edificios altos ni grandes ciudades, sino bosques, pantanos y tierras de labranza salpicadas de castillos, aldeas y villas. Durante 500 años, los castillos dominaron la tierra y sus propietarios dominaron al pueblo.

¿Qué era un castillo?

Un castillo era la residencia de un rey o de un señor feudal que se fortificaba para repeler posibles ataques. Si no era casa y fortaleza a la vez, no podía considerarse castillo.

Guerras territoriales

El apogeo de los castillos en Europa fue durante una época llamada Edad Media, entre los siglos XI y XV. La riqueza y el poder dependían de la tierra: cuanta más tierras poseía un noble, más rico y poderoso era. Además, la gente no acudía ante los tribunales para aclarar sus disputas: si alguien quería más tierras, intentaba apropiarse de ellas por la fuerza. Por eso eran comunes las guerras entre terratenientes.

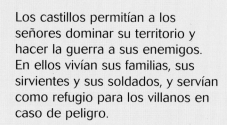

Los aldeanos o villanos se refugian en el castillo durante un ataque.

Los castillos permitían a los señores dominar su territorio y hacer la guerra a sus enemigos. En ellos vivían sus familias, sus sirvientes y sus soldados, y servían como refugio para los villanos en caso de peligro.

Lugares estratégicos

A menudo, los castillos se erigían cerca del vado de un río o en un paso montañoso, es decir, en lugares estratégicos. Al ocupar estos emplazamientos podían controlar el transporte de suministros y las comunicaciones (en aquellos tiempos, lo más parecido a un teléfono móvil era un hombre a caballo).

Fuertes y castillos

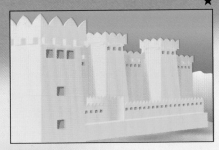

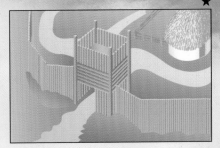

La idea de fortificar los hogares no surgió en la Edad Media. Alrededor del año 1800 a. de C., los egipcios construyeron una serie de fortalezas en Nubia.

Alrededor del año 1250 a. de C., se construyó un palacio fortificado en Micenas (Grecia). Se erigió estratégicamente sobre un saliente rocoso.

En la Edad del Hierro también había fortificaciones. Éstas protegían a todo el pueblo y no solo a los nobles y señores, como los castillos.

Permiso para edificar

Las tierras en las que se erigían los castillos pertenecían al rey o gobernante, algo que un señor no debía olvidar jamás. Había muchas disputas y, si un noble hacía enojar a su señor, podía perder sus tierras. Para construir un castillo hacía falta la aprobación real y todo aquel que quisiera fortificar su casa debía pedir permiso al monarca.

Un noble pide permiso a su rey para construir un castillo.

Un equilibrio justo

No era fácil combinar las funciones de casa y fortaleza. Lo primordial en los primeros castillos era la defensa, debido a las abundantes guerras territoriales. A medida que pasó el tiempo y la vida se fue haciendo más segura, se empezó a prestar más atención a la habitabilidad.

Link de Internet

En esta página web encontrarás una galería fotográfica de los principales castillos de España.

Para acceder a la página reseñada y a otros muchos sitios web visita: www.usborne-quicklinks.com/es

7

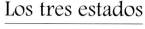 La Edad Media

Los primeros castillos se erigieron mucho después de la caída del imperio romano, que había dominado Europa durante siglos. En aquellos tiempos, el continente estaba dividido en muchos reinos y los conflictos de poder eran continuos, tanto dentro de cada reino como entre los distintos gobernantes. Dada la situación, un castillo era el lugar más seguro para vivir.

La sociedad feudal

La mayoría de los reinos se regían por un sistema llamado feudalismo. El rey cedía tierras a los nobles a cambio de su lealtad y su apoyo en caso de guerra. Los nobles, a su vez, cedían tierras a los caballeros que luchaban para ellos. Los caballeros las arrendaban a los campesinos, que les pagaban con su trabajo y parte de sus cosechas. En resumen, uno juraba lealtad (y pagaba una renta feudal) a quien le cedía la tierra.

Algunos campesinos eran dueños de sus tierras, no pagaban renta alguna y eran libres de ir donde quisieran, pero eran una minoría.

Los tres estados

Al comienzo de la Edad Media, la gente pertenecía a uno de estos tres grupos o estados: la nobleza, que era la clase gobernante y guerrera; el clero, que se dedicaba a la oración, y el campesinado, que era la clase trabajadora.

Con el desarrollo del comercio, nació una cuarta clase social formada por los mercaderes. Sin embargo, al principio todo el mundo nacía dentro de una clase y permanecía en ella el resto de su vida.

El sistema feudal en acción

El gobernante cedía parte de sus tierras a nobles y altos cargos del clero, que le eran leales.

El canal divisorio

Muchos reinos del medievo o Edad Media tenían estrechos vínculos entre sí a causa de los matrimonios entre miembros de la realeza, como era el caso de Inglaterra y Francia. Los reyes ingleses poseían tierras y castillos en Francia e incluso llegaron a reclamar para sí el trono galo. No obstante, los monarcas franceses se negaban y los enfrentamientos eran frecuentes.

Los nobles daban dinero al rey y prometían combatir por él 40 días al año.

Los nobles cedían parte de sus tierras a caballeros, que les pagaban con 40 días de combate y otros tributos.

Los caballeros proporcionaban tierra y protección a los campesinos o siervos de la gleba.

Los siervos de la gleba trabajaban la tierra y pagaban un tributo al caballero. Estaban vinculados a la tierra que labraban, es decir, no podían irse a trabajar a otro lugar.

La escala social

En un castillo, todo el mundo conocía su rango. El señor ostentaba el poder y todo el mundo estaba por debajo de él (eso sí, ojo avizor para cuidarse de cualquier subordinado ambicioso).

La voz de su amo

El señor de un castillo estaba al mando de todo, pero delegaba las tareas diarias en distintos representantes: el administrador, el gran chambelán, el alcaide, el mariscal, el senescal y el capellán.

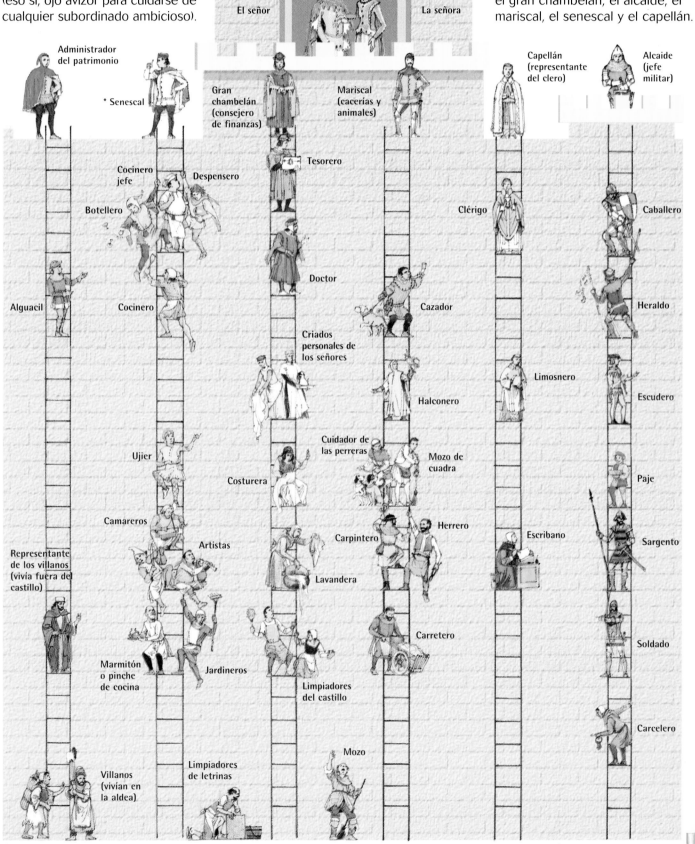

El señor

La señora

Administrador del patrimonio

* Senescal

Gran chambelán (consejero de finanzas)

Mariscal (cacerías y animales)

Capellán (representante del clero)

Alcaide (jefe militar)

Tesorero

Cocinero jefe

Despensero

Botellero

Clérigo

Caballero

Doctor

Alguacil

Cocinero

Cazador

Heraldo

Criados personales de los señores

Limosnero

Halconero

Escudero

Ujier

Cuidador de las perreras

Mozo de cuadra

Costurera

Paje

Camareros

Herrero

Escribano

Sargento

Artistas

Carpintero

Representante de los villanos (vivía fuera del castillo)

Lavandera

Carretero

Soldado

Marmitón o pinche de cocina

Jardineros

Limpiadores del castillo

Carcelero

Mozo

Villanos (vivían en la aldea)

Limpiadores de letrinas

*Si quieres saber más sobre el senescal, ve a la página 66.

9

Los vikingos
saquean una aldea.

F 950~1100 uertes primitivos

Los primeros castillos de Europa, que probablemente datan de una fecha anterior al año 950, se construyeron por razones de seguridad. Los aldeanos sufrían continuos saqueos y los señores, que ofrecían su protección a cambio del uso de sus tierras, reunieron mesnadas (tropas) para socorrer con presteza a las aldeas que sufrían ataques.

Como los soldados necesitaban un acuartelamiento cercano a la aldea, los señores hicieron construir fuertes de madera, protegidos por un foso y una empalizada.

Una posición ventajosa

Si el enemigo quemaba o derribaba la empalizada, los soldados no tenían más remedio que luchar hasta la muerte. Por eso, lo mejor era construir una torre fortificada que pudiera usarse como último reducto. El emplazamiento ideal era una posición elevada, porque daba más campo de visión. En terrenos llanos, el señor hacía construir una mota o colina artificial, que podía estar unida al recinto principal mediante un puente.

Protección

El éxito de los castillos se debió sobre todo al auge del sistema feudal. En cuanto un noble recibía tierras de su gobernante, construía un castillo, que no solo le protegía de los invasores extranjeros, sino también de los otros señores que vivían a su alrededor y que quisieran apoderarse de sus tierras.

Los techos eran de paja y ardían con facilidad. Un ataque enemigo con flechas incendiarias podía ser letal.

Estos soldados salen a galope desde un recinto fortificado para defender una aldea atacada.

Tras la empalizada hay establos, talleres y a menudo una capilla, entre otros edificios.

Gran salón

Empalizada de madera

Capilla

Este puente se podía alzar para proteger el recinto fortificado.

Patio

La fortificación se alzaba sobre una mota o colina.

Guillermo el Conquistador

En el año 1066, Guillermo, duque de Normandía, invadió Inglaterra y reclamó el trono. Para demostrar quién mandaba y protegerse ante posibles rebeliones, cedió a sus caballeros las tierras que había arrebatado a los señores sajones. Así, comenzaron a construirse por toda Inglaterra fuertes de madera, llamados de mota y empalizada. En menos de dos décadas, se erigieron 50 castillos. Su construcción podía durar una semana y se demolía cualquier edificio que molestase.

La mota quedaba unida al recinto mediante un puente levadizo de madera que se podía elevar en caso de ataque, dejando un hueco insalvable.

Torre de madera

La familia y sirvientes del señor vivían aquí.

En la planta baja había almacenes y dependencias para los soldados.

Los soldados montaban guardia desde una pasarela, atentos a las llamas provocadas por un posible ataque a una aldea vecina.

La empalizada estaba hecha con troncos afilados de 2,5 metros de altura.

La pendiente de la mota dificultaba el avance del enemigo y hacía que fuera casi imposible subir bajo la lluvia.

Castillos prefabricados

Como estos fuertes se necesitaban con urgencia, la madera para su construcción se cortaba a medida y se almacenaba en barriles junto al resto de materiales necesarios. Era como cuando compramos muebles y los montamos nosotros, pero con una gran diferencia: que los normandos no movían un dedo y obligaban a los sajones a montar los castillos para ellos.

Un pasillo en el interior del castillo de Krak des Chevaliers, en Siria

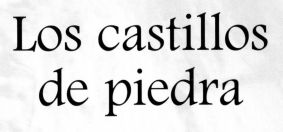

Los castillos de piedra

Donde sabremos por qué dejaron de construirse castillos de madera y comenzaron a edificarse de piedra. Después veremos un castillo con mayor detalle y entraremos en varias de sus dependencias. Finalmente, compararemos fotografías de distintos castillos de toda Europa, para luego visitar un castillo en construcción.

Demostración de poder

El problema de una fortaleza construida a toda prisa es que tarda menos aún en caer: un fortín de madera que no fuera quemado por el enemigo acababa pudriéndose. Alrededor del año 1070, todo señor feudal que dispusiese de tiempo, riquezas y un emplazamiento adecuado, erigía su castillo en piedra. Veamos cómo fueron evolucionando.

Una torre cuadrada

Los primeros castillos de piedra se basaron en la idea de la mota y la empalizada. Las distintas dependencias del castillo, como los salones y los aposentos del señor, se construían una sobre otra en una sola torre, cuya puerta principal se reforzaba con un parapeto. El resultado era una gigantesca torre de planta cuadrada que dominaba el paisaje e infundía terror (o, al menos, respeto) a quienes la contemplaban y que pasaría a llamarse torre del homenaje.

Esquema de una torre fortificada y su interior

Los muros podían tener hasta 4 m de grosor.

Los aposentos del señor y su familia estaban en el piso superior.

Capilla

El gran salón

La única puerta estaba en un acceso elevado para dificultar la entrada.

La entrada estaba fortificada.

Despensas y dependencias de los soldados

Las ventanas eran pequeñas y estaban a gran altura para evitar las flechas enemigas.

★

Ésta es una torre de lujo porque tiene cuatro pisos. La mayoría tenían tres.

Donjón anular h. 1100

En lugar de construir torres fortificadas, algunos señores se limitaron a sustituir la empalizada de madera por una muralla de piedra llamada cortina. Este tipo de fortificación se llamaba donjón anular.

Un donjón anular

Las dependencias se construían contra la muralla.

Capilla — Salón — Despensa

La mayoría de estas fortalezas eran circulares, pero algunas tenían forma de trébol de cuatro hojas.

Torres poligonales h. 1150

Las fortalezas de piedra también tenían sus inconvenientes. Desde las ventanas, los arqueros solo podían disparar en línea recta y eso hacía difícil la defensa. Sin embargo, las esquinas eran el verdadero punto débil. El enemigo las podía derribar construyendo túneles, llamados minas, debajo de ellas.

Para solucionar el problema, se empezó a experimentar con fortalezas poligonales, es decir, con muchos lados (de seis lados y de ocho). En la torre que vemos abajo se han añadido cuatro torres cuadradas al edificio principal, añadiendo así más esquinas y empeorando aún más la situación.

Fortalezas circulares h. 1150

Una alternativa a la fortaleza con muchos lados era una de un único lado: una torre circular, sin esquinas que minar y con muros redondeados que desviaban los proyectiles. Además, las torres circulares permitían a sus defensores disparar en todas direcciones.

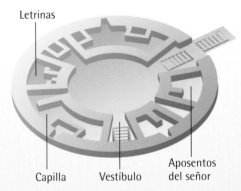

Planta de una torre redonda

Una torre poligonal y algunas de sus dependencias

En lo alto de cada torre había soldados montando guardia.

Salón superior

Salón inferior

Capilla

Cocina

Link de Internet

Página web dedicada a los castillos de Ávila donde se habla de su arquitectura, historia y leyendas.

Para acceder a la página reseñada y a otros muchos sitios web visita: www.usborne-quicklinks.com/es

---

En el salón superior se celebraban los banquetes y espectáculos para los señores del castillo.

En el salón inferior se organizaba la vida cotidiana del castillo.

Junto al salón inferior había una pequeña cocina donde se recalentaba la comida preparada en la cocina principal.

Bajo el vestíbulo, solían estar las mazmorras o calabozos. La mayoría de los castillos tenían también una estancia donde alojar unos días a algún aldeano.

El alambor servía para reforzar los muros.

Los castillos crecen

A pesar de las ventajas militares de las torres redondas, la mayoría de los señores elegían el tipo de construcción de moda en su región. Además, las torres tenían grandes inconvenientes, fuera cual fuese su forma: eran frías, oscuras, ruidosas y sin intimidad, por lo que la vida en ellas no era nada placentera.

Murallas y torres

Si la muralla exterior de un castillo era lo bastante fuerte, ni siquiera hacía falta la torre del homenaje. En el amplio recinto había espacio para construir aposentos más espaciosos para el señor y su familia.

En las murallas, también llamadas cortinas o lienzos, se construían torres para que los defensores estuvieran más protegidos al disparar sus armas. Las torres fortificadas, cuadradas o redondas, no tardaron en dejarse de construir.

El castillo de Framlingham, en Inglaterra, tenía 13 torres en la muralla exterior.

Huerto de verduras

Salón principal

Capilla

Acuartelamiento

Pozo

Segunda capilla y salón

Cocina

Torre-puerta

Las torres se construían sobre la muralla, a intervalos regulares.

La entrada y la barbacana

La puerta de entrada al castillo era su punto más débil y a menudo se reforzaba con una barbacana, una fortificación avanzada que protegía la puerta y reforzaba la muralla exterior. A cada lado de la puerta se construía una torre, con dependencias para el alcaide y la guardia en el primer piso.

La entrada y la barbacana

En las torres había dependencias para los soldados.

La puerta estaba protegida por un rastrillo de hierro que subía y bajaba.

Los aposentos del alguacil del castillo estaban en las torres.

Torre barbacana

Castillos concéntricos h. 1280

A finales del siglo XIII, los castillos europeos cambiaron de estilo y nacieron los castillos concéntricos, dotados de varios anillos o lienzos de murallas, cuya forma era más regular que la de sus antecesores. Además, siempre que era posible, se utilizaba el agua como defensa.

La idea pudo provenir del muro de Constantinopla (la actual Estambul), que se construyó en el siglo V. Este muro tenía tres lienzos de murallas de alturas distintas de modo que los arqueros del muro superior podían disparar por encima de los muros inferiores.

Interpretación artística del castillo concéntrico ideal, basada en el castillo de Beaumaris en Anglesey (Gales)

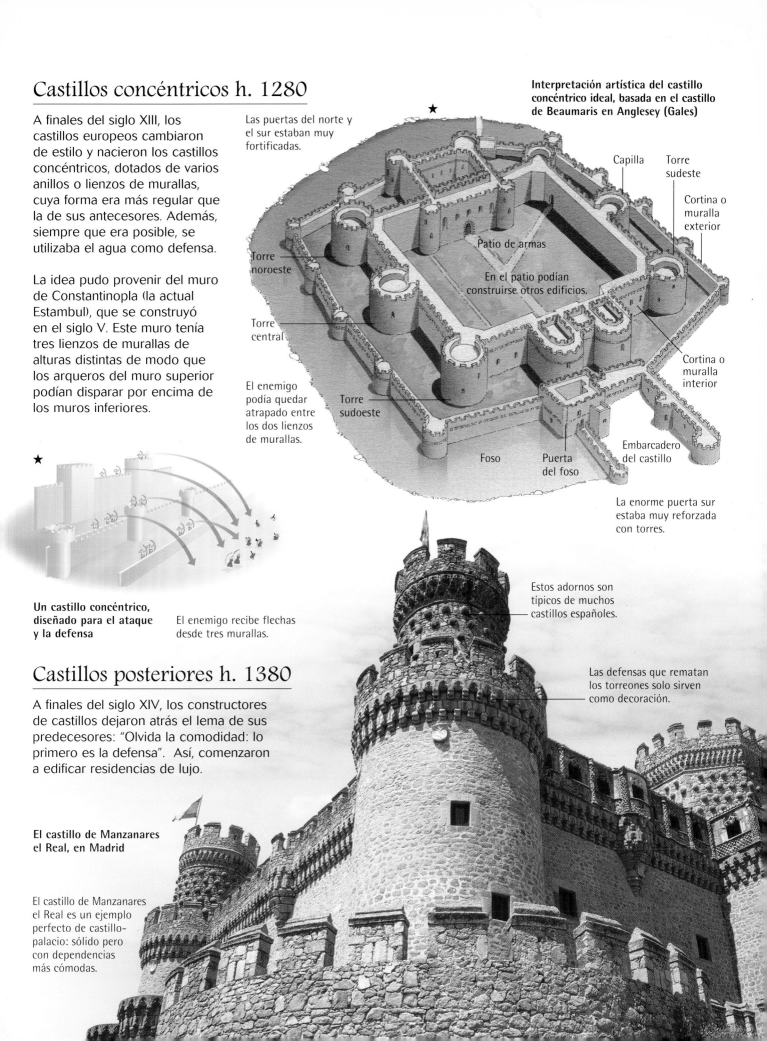

Las puertas del norte y el sur estaban muy fortificadas.

Capilla

Torre sudeste

Cortina o muralla exterior

Torre noroeste

Patio de armas

En el patio podían construirse otros edificios.

Torre central

Cortina o muralla interior

El enemigo podía quedar atrapado entre los dos lienzos de murallas.

Torre sudoeste

Foso

Puerta del foso

Embarcadero del castillo

La enorme puerta sur estaba muy reforzada con torres.

Un castillo concéntrico, diseñado para el ataque y la defensa

El enemigo recibe flechas desde tres murallas.

Castillos posteriores h. 1380

A finales del siglo XIV, los constructores de castillos dejaron atrás el lema de sus predecesores: "Olvida la comodidad: lo primero es la defensa". Así, comenzaron a edificar residencias de lujo.

Estos adornos son típicos de muchos castillos españoles.

Las defensas que rematan los torreones solo sirven como decoración.

El castillo de Manzanares el Real, en Madrid

El castillo de Manzanares el Real es un ejemplo perfecto de castillo-palacio: sólido pero con dependencias más cómodas.

La torre del homenaje y el gran salón

Dentro de la torre del homenaje, la sala más importante era sin duda el gran salón, que desde el principio fue el centro de la vida del castillo. Allí se comía, se trabajaba, se rezaba, se dormía y, al principio, hasta se cocinaba.

Además de ser el centro social del castillo, donde la gente se reunía a comer y a pasar las veladas, el gran salón era donde el señor recibía a los visitantes y donde impartía justicia cuando había disputas locales.

La decoración

El gran salón era el escaparate del castillo, donde el señor podía demostrar lo rico que era. La piedra estaba finamente tallada y las vigas del techo estaban decoradas con oro. Sobre los muros colgaban tapices enormes —en parte para decorar, pero más que nada para evitar las corrientes de aire— y había velas por todos los rincones. Aún así, los salones eran oscuros, incómodos y muy ruidosos, ya que las escaleras eran de piedra y se oían pisadas por doquier, por no mencionar el retumbar de los portazos.

Intimidad

En la torre del homenaje estaban los aposentos privados del señor y su familia, que se encontraban justo al lado del gran salón o, en ocasiones, encima de él. Eran el dormitorio del matrimonio y también la sala de estar de la señora. El señor también pasaba allí sus ratos libres si estaba en el castillo.

A menudo, los aposentos del señor estaban decorados con murales, como éste de un santo en el palacio papal de Aviñón.

Gran salón   Aposentos del señor

Un día en el gran salón

Como no había luz eléctrica, la gente se levantaba al amanecer y aprovechaba el día al máximo. Después de los rezos matutinos, se preparaban las mesas para el desayuno, que solía ser bastante

Después, se apartaban las mesas y el salón se convertía en una oficina para asuntos oficiales, a excepción de un descanso que se realizaba a media mañana para el almuerzo, la comida más abundante

Se cenaba con la puesta de sol y después el salón se convertía en un dormitorio. Las personas importantes tenían sus propios aposentos (aunque compartidos con sus sirvientes), pero los

Desde el balcón del primer
piso se podía ver lo que
ocurría en el salón y
en el exterior.

El hueco de una ventana era uno
de los pocos lugares tranquilos
para charlar que había
en una torre.

Los tapices
eran enormes.

El escudo de
armas del señor

Soldado

El alguacil escucha
al representante de
los campesinos.

Senescal

El señor escucha a
un campesino enojado
junto al administrador.

Este clérigo hace las veces de escribano
y ha de tomar nota de todo.

Hay que
preparar las
mesas para
la cena.

El suelo estaba
cubierto de paja.

La calefacción del
salón consistía en
un fuego encendido
en el centro.

Link de Internet

Visita la torre del homenaje y el gran
salón del castillo de Loarre en Huesca,
del siglo XI. Es el castillo fortificado
más antiguo de España.

Para acceder a la página reseñada
y a otros muchos sitios web visita:
www.usborne-quicklinks.com/es

19

1100~1400
Las cocinas

La cocina de un castillo era un verdadero quebradero de cabeza. Aparte de humos y olores, siempre existía el riesgo de que la paja del suelo se incendiara. Para evitar que la cocina pudiera prender fuego a todo el castillo, el señor la hacía construir lo más alejada posible del resto de las dependencias.

Como la comida tardaba mucho en llegar hasta el gran salón, la cena llegaba muchas veces fría. Por eso, algunos castillos contaban con una segunda cocina, mucho más pequeña, situada junto al gran salón, donde se recalentaba la comida.

La cocina de un castillo en plena actividad

Comida para todos

Muchos señores poseían más de un castillo y pasaban temporadas en unos y en otros. La cocina de un castillo ocupado solo por el alcaide y la guarnición tenía ya bastante que hacer, pero cuando estaban el señor y su séquito (por no mencionar a los invitados), la actividad era frenética. Se cocinaban banquetes para cien o doscientos comensales y para eso hacían falta muchos fogones y sirvientes, además de una buena ración de gritos.

Grabado que representa a unos cocineros preparando la comida

Marmitas y calderos

Sobre los fogones colgaban grandes marmitas de hierro, piezas vitales de la cocina. Eso sí, los campesinos tenían solo una, metían la comida en bolsas independientes y lo cocinaban todo al mismo tiempo. En los castillos había más variedad: calderos enormes para las sopas o estofados y otros más pequeños para las salsas. Aunque la mayoría de los utensilios eran de hierro, los cuencos solían ser de barro cocido o de peltre. Los señores más acaudalados procuraban que sus familiares e invitados comieran en platos de plata y oro.

Este hombre trae un ciervo.

Horno de pan

Calderos

Las aves se despluman

Un jabalí se asa en un espetón.

El espetón se gira.

Hay que acarrear el agua del pozo.

20

La despensa

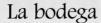

El lugar donde se guardaban los alimentos era la despensa. La palabra proviene del latín *dispensus*, que significa que tiene alimentos.

La bodega

La bodega era el lugar donde se almacenaban la cerveza y el vino. Estaba a cargo del botellero, que se encargaba de que todo estuviera en orden y de que no faltara nunca de nada.

El vino se servía en jarras como ésta.

Agua

El agua potable no lo era tanto, un pozo que esta con un manantial s Para mayor segurida debía estar dentro del porque uno de los trucos viejos de un ejército enemig era envenenar el agua. El trab de acarrear agua lo desempeñab un sirviente llamado aguador.

El sótano

En las cocinas no había frigoríficos ni congeladores, así que el lugar más frío para conservar la comida era el sótano. Como tampoco existían los conservantes, los alimentos se salaban, se ahumaban, se secaban o se escabechaban.

La cervecería

En muchos castillos había una estancia donde se fabricaba cerveza, que no era tan fuerte como la de nuestros días. Se fabricaba a base de avena, trigo, cebada y agua. El proceso de fermentación esterilizaba el agua, cosa muy útil en muchos países donde la cerveza era la bebida principal.

¡Alzaos, caballero!

Los buenos cocineros eran recompensados e incluso hubo uno cuyo agradecido señor le armó caballero. Aun así, no olvidó sus orígenes e hizo pintar tres calderos en su escudo.

El caballero cocinero con armadura. Fíjate en su escudo.

★

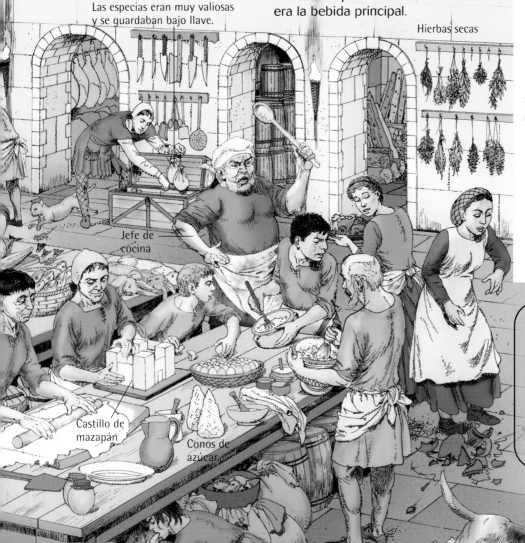

Las especias eran muy valiosas y se guardaban bajo llave.

Hierbas secas

Jefe de cocina

Castillo de mazapán

Conos de azúcar

🏰 Link de Internet

Visita la página web del Castillo de Niebla, en Huelva. En ella encontrarás datos sobre el porqué de los castillos, sus cocinas, armas y muchas cosas más.

Para acceder a la página reseñada y a otros muchos sitios web visita: www.usborne-quicklinks.com/es

...ular y la capilla

...a capilla

...el plano que ves a la derecha
...destaca una de las salas más
...ortantes de un castillo: la
...illa. Muy pocos castillos
...aban con cámaras de tortura,
...todos ellos tenían al menos
...pilla, ya fuera en la torre o
en el patio. Algunos hasta tenían
dos: una privada para la familia
del señor y otra más grande
pero menos lujosa para el
resto. Había que acudir a
misa los domingos, sin importar
lo religioso que uno fuera (y todo
el mundo lo era, más o menos).
Mucha gente iba a misa todos los
días, aunque, como se daba en
latín, la mayoría no entendía nada.

...pendencias.
Esto se llamó
donjón anular.

Un donjón anular

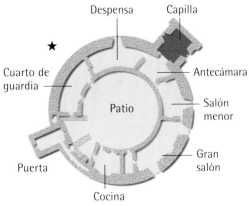

Despensa   Capilla

Cuarto de
guardia   Antecámara

Patio   Salón
menor

Gran
salón

Puerta

Cocina

Planta de un donjón anular

La gente iba a misa para poder ir
al cielo. Si bien los soldados eran
quienes pasaban menos tiempo
rezando, cuando se aproximaba
una batalla o si se habían metido
en líos con el alcaide, acudían a
la capilla a hablar con Dios.

La capilla de un castillo

Las vidrieras
comenzaron a
usarse en el
año 1350.

Sobre los
muros se
pintaban
escenas
bíblicas.

**Para las
comuniones
se usaban
cálices
como
éste.**

Altar

Monaguillo

El capellán dice misa.

El señor y
su familia

Mucha gente iba a la
iglesia a chismorrear.

Como no había bancos,
los ancianos se traían
sus asientos.

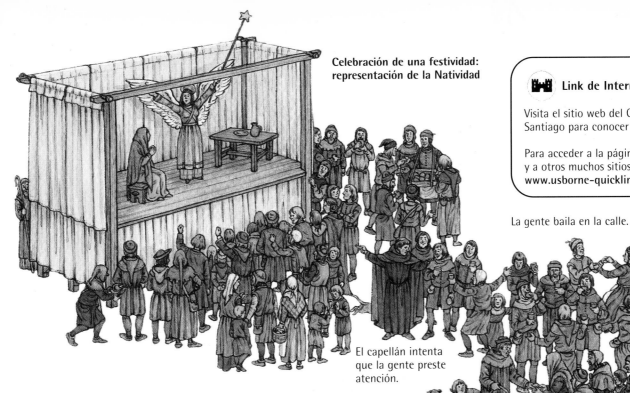

Celebración de una festividad:
representación de la Natividad

Link de Internet

Visita el sitio web del Camino de Santiago para conocer la ruta.

Para acceder a la página reseñada y a otros muchos sitios web visita:
www.usborne-quicklinks.com/es

La gente baila en la calle.

El capellán intenta que la gente preste atención.

Un limosnero reparte comida entre los pobres.

El capellán

El capellán dirigía la vida religiosa del castillo. Se encargaba de la misa y de bendecir la mesa antes de cada comida. Como era una de las pocas personas capaces de leer y escribir, llevaba los archivos del castillo, supervisaba a los escribanos y ayudaba a administrar el patrimonio de su señor. Algunos capellanes enseñaban a leer y escribir a los pajes (hijos de nobles que querían llegar a ser caballeros*).

El limosnero

La religión consistía sobre todo en ser bueno. Si uno quería ser buen cristiano, como predicaba el capellán, tenía que ser caritativo. En la mayoría de los castillos estaba la figura del limosnero, que procuraba que las limosnas y las sobras de comida se repartieran entre los pobres.

Las limosnas eran fundamentales en la Edad Media, porque no existían ni las pólizas de seguro ni las pensiones estatales. Los pobres, los enfermos y los minusválidos tenían que vivir de la caridad o morir de hambre.

Días festivos

En un castillo, los días más divertidos eran las festividades que se celebraban por motivos religiosos, durante las cuales nadie trabajaba. Para conservar el tono sagrado de aquellos días, se organizaban obras de teatro, llamadas autos, basadas en la Biblia o se interpretaban escenas de la vida de algún santo.

Los peregrinos

Había gente que se aventuraba a realizar largos peregrinajes (viajes a lugares santos) para complacer a Dios. Cuando no había posada cerca, cualquier peregrino que atravesara un pueblo podía alojarse una noche en el castillo.

Pintura medieval que representa a unos peregrinos dispuestos a demostrar su valía ante Dios.

*Ver página 69.

Otras dependencias

Además de la torre del homenaje, había otros edificios esenciales para el mantenimiento. De hecho, en ellos se desarrollaba la mayor parte de la actividad del castillo. Algunos sirvientes jamás entraban en la torre del homenaje, a no ser que el señor se apiadase de ellos durante un asedio.

Plano de un castillo y sus distintas dependencias

Herrería — Carpintería — Establo

Halconera — Torre del homenaje

Flechero — Capilla

Establo — Torre

Patio — Gran salón

Alojamiento para soldados — Pozo — Cocina

Perreras

★

El herrero

Un buen herrero era uno de los siervos más importantes de cualquier señor. En palabras modernas, era mecánico, armero y fabricante de herramientas, todo en uno.

De las herraduras de los caballos se encargaba un herrador, mientras que el herrero fabricaba y arreglaba todas las herramientas, además de reparar la armadura del señor y de sus caballeros (una tarea vital).

El flechero

El herrero moldeaba las puntas de flecha de metal, que eran las balas medievales, pero era el flechero quien les ponía el asta de madera y las aletas. Puede que un arquero no fuera una ametralladora automática, pero uno experto podía disparar una flecha cada pocos segundos.

La herrería

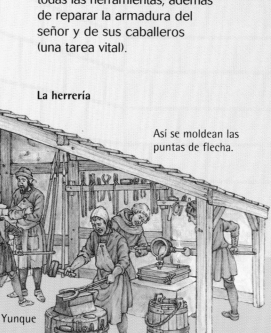

Así se moldean las puntas de flecha.

Fragua

Yunque

El señor

Un aprendiz funde hierro al fuego.

Un herrador forja una herradura.

Este herrero arregla un remache en la rodillera de su señor.

La cabaña del flechero

Este aprendiz observa cómo se fijan las plumas al asta.

La carpintería

Si había un hombre ocupado en el castillo, ése era el carpintero. Como no existía el plástico, no solo fabricaba y arreglaba muebles, sino también los cuencos y los mangos de las herramientas. Construía armazones para los escudos, reparaba ruedas y la madera del techo o del suelo.

Un taller de carpintería

Aquí están tallando un cuenco.

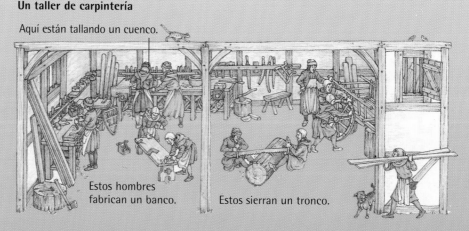

Estos hombres fabrican un banco.

Estos sierran un tronco.

Establo o caballeriza

Los establos

El caballo era el principal medio de transporte y en los establos los había de muchas clases. Los más valiosos eran los corceles o caballos de batalla, propiedad de los señores. Después venían los palafrenes de uso diario y luego los caballos de caza.

Las mujeres, que no combatían y apenas iban de caza, montaban en palafrenes o en caballos de silla. Los menos importantes eran los caballos de carga y los de tiro, que se enganchaban a las carretas.

Así se ensilla un caballo.

Un herrador limpia un casco de un caballo.

Éste es un caballo de carga.

La señora va en un caballo de silla.

Un caballero va a ejercitarse con la lanza a lomos de un corcel.

Este escudero trata de dominar a su palafrén encabritado.

La halconera

La halconera era el lugar donde vivían los halcones y otras aves rapaces que se usaban para cazar, en lo que se llama cetrería.

Estos halconeros airean a sus aves. Les echan agua a la cara para calmarlas.

Para cazar pájaros más pequeños y otros animales se usaban aves rapaces, como el halcón. El halconero y sus ayudantes eran los encargados de entrenarlas y alimentarlas.*

*Ver página 78.

La perrera

Los perros eran animales de compañía y protagonistas de uno de los pasatiempos medievales por excelencia: la caza. No era solo un deporte, sino que servía para abastecer la despensa de carne para el invierno. Por esta razón, los perros de caza vivían con todas las comodidades en las perreras del castillo. Tanto, que a menudo comían y vivían mejor que los mozos que los cuidaban.

Un cazador saca a pasear a los perros.

Algunas razas de perros medievales ya no se ven en la actualidad.

Había diferentes razas. El sabueso olfateaba a la presa y los demás la perseguían.

Lebrel

Lebrel

Braco

Sabueso

Perrito faldero de la señora

# La entrada a la fortaleza

Si el enemigo lograba entrar en el castillo, la torre del homenaje no tardaba en caer. Por eso, era vital evitar que el enemigo penetrase en el recinto. Para ello, siempre se fortificaba sobre todo el punto más vulnerable del castillo: la puerta de entrada.

La guardia

El interior de la torre de la puerta se destinaba a los aposentos de los soldados y el alcaide, que era el encargado de la seguridad del castillo.

Al principio se construía una única torre y solo se podía disparar al enemigo desde arriba.

★

Los soldados pasaban la mayor parte del tiempo libre en los cuartos de la guardia. Cuando estaban de servicio, sus deberes eran custodiar el castillo, patrullar el territorio de su señor y registrar todos los envíos que llegaban. Mientras esperaban a

Más tarde se construyeron dos torres que flanqueaban la puerta, lo que proporcionaba un mejor ángulo de tiro.

★

entrar en acción, se ejercitaban practicando el tiro con arco y la esgrima o lucha con espada. Las partidas de dados y los requiebros a las mozas ayudaban a pasar el rato, pero en general la vida era bastante aburrida.

Una torre-puerta seccionada para que puedas ver lo que ocurre dentro.

Los aposentos del alcaide

Los soldados mataban el tiempo jugando y charlando.

Cuarto de guardia

Para mayor seguridad, desde la planta baja no se podía acceder a los pisos superiores.

El alcaide tiene sus aposentos privados.

En el dormitorio, cada soldado tenía un colchón, una manta, un baúl y una percha para colgar la capa.

Picas

Las armas se almacenaban en el cuarto de guardia.

El alcaide

El alcaide era el responsable del personal militar del castillo y quedaba al mando de éste en ausencia de su señor. Su labor principal era la de defender el castillo y responder ante cualquier ataque, y por eso cuidaba de que tanto las fortificaciones como los soldados estuvieran siempre a punto. También reunía a los caballeros que debieran al señor 40 días de servicios militares.

El carcelero

Bajo el suelo del castillo, quien mandaba era el carcelero. En la mayoría de las fortalezas había mazmorras o calabozos para los prisioneros, que normalmente eran malhechores que esperaban juicio por haber cometido delitos graves, como el asesinato.

Sin embargo, en los castillos también había prisioneros nobles, caballeros enemigos capturados en combate o prisioneros políticos (cuyas opiniones hacían enojar al señor o amenazaban al rey). Tenían sus propios aposentos y en general se les trataba bien. En el caso de los caballeros, siempre existía la esperanza de que alguien pagase un jugoso rescate por su liberación.

 Link de Internet

En esta página en inglés encontrarás imágenes que podrás imprimir y colorear. También podrás montar la torre y la cocina de un castillo, así como hacerte una careta de señor o señora medieval. Necesitarás tijeras, lápices de colores, pegamento y un trozo de cinta.

Para acceder a la página reseñada y y a otros muchos sitios web visita: www.usborne-quicklinks.com/es

Las mazmorras

La palabra mazmorra viene del árabe *matmura*, que significa caverna, ya que las mazmorras solían estar bajo tierra. Algunas prisiones medievales parecían torres del homenaje. De hecho, algunas torres eran tan seguras que eran ideales para encerrar a un prisionero.

Dos presos representados en un manuscrito medieval

En general no eran los prisioneros nobles, sino los malhechores comunes y los villanos que cometían un delito, los que daban con sus huesos en los calabozos. Eran lugares sucios, fríos y tétricos donde esperaban a ser juzgados, pero la gente no cumplía condenas carcelarias, sino que pagaba multas o recibía castigos.

El interior del calabozo de un campesino preso

Los familiares del preso sobornaban al carcelero para poder llevarle comida y mantas.

A los presos se les alimentaba con pan y agua.

Se les encadenaba con grilletes.

Cubo para hacer sus necesidades

27

Los castillos concéntricos

Los señores medievales cada vez querían castillos más fuertes. Por eso nacieron los castillos concéntricos: fortalezas con varios lienzos de murallas, ideales para los defensores pero terribles para los atacantes. Si lograban atravesar la primera muralla, quedaban atrapados entre ésta y la segunda, con defensores a ambos lados y sin lugar donde cobijarse.

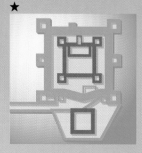

Castillo de Belvoir, en Israel

Castillo de Caerphilly, en Gales

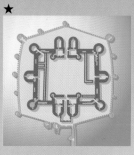

Castillo de Beaumaris, en Gales

Gilbert de Clare, el señor normando que construyó el castillo de Caerphilly

El rey de los castillos

El primer castillo concéntrico de las islas británicas fue el de Caerphilly, en Gales. El rey Eduardo I quedó tan impresionado con él, que construyó cuatro fortalezas similares en Gales: las de Harlech, Aberystwyth, Rhuddlan y Beaumaris. En la actualidad, se cuentan entre los castillos concéntricos más famosos de Europa.

Estas fortalezas, construidas entre los años 1277 y 1330, costaron una fortuna al rey. Eran enormes y se diseñaron y construyeron de un tirón, algo poco común en aquellos días, en los que los castillos se iban ampliando poco a poco.

El último y el mejor

El castillo de Beaumaris, en Anglesey, Gales, fue el último y tal vez el mejor de todos. Es el castillo concéntrico perfecto, pese a estar sin terminar (hasta los reyes pueden quedarse sin dinero). Empezó a erigirse en 1295 y los trabajos duraron 30 años, hasta que en 1330 tuvieron que pararse. Su tamaño intimidaba a cualquier enemigo y estaba diseñado para ser inexpugnable, pero no tuvo oportunidad de demostrarlo.

El castillo de Caerphilly, en Gales, está rodeado de un enorme lago artificial hecho con el agua de un río.

Los tiempos cambian

A menudo se habla de los castillos concéntricos como la cumbre del diseño militar. Aunque lo fundamental era la defensa, los arquitectos del siglo XIII empezaron a tener en cuenta la habitabilidad. Como había más murallas, se construyeron más torres, con lo que por fin se logró tener intimidad. Cualquier cosa era mejor que dormir apretados en el suelo del gran salón y susurrar secretos en las ventanas. Los sirvientes ya no tenían que compartir sus aposentos con el señor: los compartían solo entre ellos.

El cuarto de baño

En los castillos del siglo XIII faltaba una estancia muy importante: el cuarto de baño. La gente se bañaba de vez en cuando pero, como era un engorro acarrear agua caliente desde la cocina, esparcían hierbas aromáticas para ocultar el olor. Las letrinas se construían en los mismos muros, a menudo en hileras. Algunos castillos tenían sistemas rudimentarios de agua corriente, pero solo para la cocina.

Se habilitaron aposentos para que los invitados nobles pudieran pasar la noche con todo su séquito.

Las habitaciones para invitados ilustres tenían un lavabo empotrado en el muro.

Junto a la estancia estaba el vestidor, donde el invitado se vestía y se guardaba la ropa y la bañera.

La letrina era simplemente un agujero en la piedra oculto por una cortina.

Los aposentos de los sirvientes eran mucho más austeros.

Lo que caía por las letrinas iba a parar al foso o al llamado pozo negro.

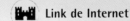

Link de Internet

Visita este sitio web en inglés si quieres ver magníficas fotografías (una es aérea) del castillo concéntrico de Beaumaris situado en Gales.

Para acceder a la página reseñada y a otros muchos sitios web visita:
www.usborne-quicklinks.com/es

29

Cinco estrellas

A mediados del siglo XIV, muchos señores exigieron que sus aposentos fueran más cómodos. Por vez primera, la habitabilidad cobraba tanta importancia como la defensa.

Los señores decidieron que querían a la vez un símbolo de prestigio y un hogar acogedor. A medida que fue disminuyendo el riesgo de sufrir ataques, fue aumentando el tamaño de las ventanas y con ello la luz. Se colocaron cristales en las ventanas y hasta vidrieras en los castillos más refinados. Los más modernos se construyeron con ladrillos en lugar de piedras y tenían incontables dependencias.

Las vidrieras eran elaboradas y de vivos colores, como se aprecia en este detalle de una de las ventanas del Alcázar de Segovia, en España.

¡Prohibido el paso!

Los propietarios de los nuevos castillos disfrutaban de más intimidad, porque tenían mucho espacio. Llegaron a disponer de una sala para cada actividad, incluidas salas para bañarse o para administrar justicia.

Al rey alemán Federico I *Barbarroja* le encantaba la intimidad. En 1184, durante una reunión con unos nobles en su castillo de Erfurt, se levantó para ir a las letrinas. Los nobles, queriendo continuar con la charla, fueron tras él. Al entrar, el suelo se derrumbó y varios nobles fueron a parar al pozo negro.

El castillo de Bodiam

El castillo de Bodiam, construido en Inglaterra en 1385, era espacioso y estaba muy bien distribuido. Los aposentos del señor estaban muy separados de los de los sirvientes, probablemente para que, si lograba entrar algún enemigo, le costara más encontrarlos.

Plano del castillo de Bodiam, en Sussex (Inglaterra)

El magnífico cuarto de baño pintado del papa Clemente VII en el castillo de Sant'Angelo, en Roma

Reformas

La vida en los castillos se hizo más lujosa. Las chimeneas de las habitaciones se construyeron más grandes y llamativas y se hicieron con tiro para que no humeasen, porque los primeros castillos tenían unos conductos de ventilación muy rudimentarios y las habitaciones acababan llenándose de humo.

En los salones había muchos más muebles, decorados con tallas muy elaboradas. Las vigas de madera se embellecieron con pintura dorada, la paja del suelo se cambió por esteras y, en los castillos más grandiosos, éstas se cubrieron con alfombras persas. Estas alfombras empezaron a llegar a Europa traídas por los caballeros que volvían de luchar en las cruzadas.

La casa y el jardín

El entusiasmo por mejorar los castillos llegó hasta los patios de armas. No tardaron en diseñarse lujosos jardines con fuentes y bancos para sentarse.

El cuarto de baño real en el castillo de Leeds, Inglaterra.

Como la bañera era de madera, se cubría con sábanas para que no se clavara ninguna astilla en las posaderas reales.

Modales

Con el refinamiento de los castillos, llegó el de los modales y la etiqueta (modo de comportarse). Los manteles empezaron a cubrir las mesas y por vez primera se utilizaron el tenedor y el pañuelo (este último, tanto para la mesa como para la nariz).

Un joyero de plata dorada del siglo XIV. La fiebre por llenar los castillos de objetos deslumbrantes hizo que hasta las cosas más cotidianas se hicieran muy lujosas.

Esta delicada representación de San Jorge y el Dragón es un aguamanil – una jarra para que los comensales se lavaran las manos en la mesa.

 Link de Internet

Página con fotografías donde se sigue la evolución arquitectónica que fueron experimentando los castillos a medida que su función fue evolucionando.

Para acceder a la página reseñada y a otros muchos sitios web visita:
www.usborne-quicklinks.com/es

# En la variedad está el gusto

No existían dos castillos iguales. El diseño básico se iba cambiando y adaptando al lugar donde se erigían, a la época, a las ideas del noble que lo construyese y al dinero que éste tuviera. Las modas cambiaban y los castillos más antiguos se ampliaron y reformaron, convirtiéndose en una amalgama de distintos estilos.

Estilos distintos

El estilo de un castillo solía depender de la región donde se levantara. Buena parte de España estuvo gobernada por los musulmanes antes de que la reconquistaran los cristianos. Por eso, en los castillos españoles se suelen combinar ambos estilos. El ejemplo perfecto es el castillo de La Mota, en Medina del Campo (Valladolid). Fue un castillo moro y los cristianos lo reformaron a mediados del siglo XV.

El castillo de La Mota, en Valladolid

No había escalera ni torre de madera que pudiera alcanzar la torre del homenaje.

El castillo del halconero

Federico II, emperador del sacro imperio romano, hizo construir el Castel del Monte alrededor de un patio octogonal (con ocho lados). Como al emperador le apasionaban la cetrería y la caza, el castillo serviría probablemente para estos fines.

El Castel del Monte, en Italia, comenzó a construirse hacia el año 1240.

Plano del Castel del Monte. Fíjate en el difícil acceso a los aposentos de Federico II.

Cada una de las ocho torres de las esquinas tiene a su vez ocho lados.

Vista del cielo desde el interior del Castel del Monte

Saetera*

Los ladrillos decorativos del exterior son de estilo mudéjar.

Tronera o cañonera

*Ver página 45.

Torres de altura

Una alternativa más sencilla y barata al castillo eran las llamadas casas-fuerte, torres del homenaje en miniatura que se construían en la frontera entre Inglaterra y Escocia. Algunas ni siquiera tenían escalones en la entrada, sino que había que subir por una cuerda o una escalera de madera.

Las torronas eran más grandes que las casas-fuerte y se construyeron en Escocia en el siglo XIV y cien años después en Irlanda. Las escocesas no solo servían para defenderse de un enemigo exterior, sino que además estaban preparadas para el espionaje.

Había estancias comunicadas por conductos para que se pudiera escuchar las conversaciones de los invitados. En algunas torronas, los dueños fueron más allá y construyeron escaleras secretas y suelos falsos para confundir a los intrusos.

Craigievar, una torrona escocesa

La torrona de Craigievar tiene siete pisos de alto.

Asalto al castillo de Wartburg (Alemania) sacado de un manuscrito medieval

Link de Internet

La villa de Ainsa, en la comarca del Sobrarbe, en Huesca, es un magnífico ejemplo muy bien conservado de villa medieval amurallada situada en un alto. Visítala a través de su sitio web.

Para acceder a la página reseñada y a otros muchos sitios web visita:
www.usborne-quicklinks.com/es

El castillo de Chillon está en una isla del lago Ginebra, en Suiza. Este estilo, con las torres techadas, es típico de la Europa continental.

Un castillo en construcción

El interior de las murallas estaba hecho con una mezcla de escombros, pedernal y ladrillos viejos.

Fuera cual fuese el estilo deseado, todo señor que quisiera un castillo tenía que contratar antes que nada a un maestro de obras, que era a la vez arquitecto jefe, aparejador, director del proyecto y contable. Una vez contratado, el señor no tenía más que empezar a desembolsar dinero, ya que la construcción de un castillo era muy cara.

¿Dónde construir?

El siguiente paso era elegir el emplazamiento ideal. Los castillos custodiaban fronteras, puertos, ciudades y vados de ríos. Tenían que estar situados estratégicamente para el ataque, la defensa y la administración del patrimonio del señor. También había otras cuestiones prácticas:

* ¿Dónde está el manantial más cercano?

* ¿De quién es la piedra y la madera más cercana?

* ¿Se puede extraer piedra en la obra misma?

* ¿Hay algún río cerca para transportar los materiales en barca?

y, finalmente,

* ¿De dónde sacaremos la mano de obra?

¡Manos a la obra!

Antes de construir el castillo, los carpinteros construían casetas para los artesanos y una caseta con suelo de yeso, en la que los maestros dibujaban pilares y ventanas para calcular sus medidas.

Para colocar los palos de los andamios sobre el muro había que hacer unos agujeros llamados mechinales.

Mechinales

Hay que cavar una zanja para hacer el foso.

La obra está en marcha. Para construir un castillo hacen falta cientos de personas.

Los canteros o picapedreros tallan la piedra y le dan forma.

Los carpinteros hacían los andamios de madera.

Así se levantan las piedras para colocarlas en su sitio.

Descanso invernal

Cuando no corría prisa terminar de construir el castillo, se descansaba durante el invierno. La parte superior de las murallas se cubría de paja para protegerla del frío.

Caseta

La mezcla de la argamasa

Los arcos en construcción se apuntalaban con maderas.

Para levantar grandes pesos se utilizaba una noria humana, accionada desde dentro por dos hombres, como si fueran dos hámsters.

Para transportar los materiales se usaban carretas y carretillas.

El señor estudia los planos junto al maestro de obras.

La piedra tallada del exterior le daba un pulido acabado.

Un equipo completo

A la hora de construir un castillo, una de las cosas que más dinero costaba era pagar los sueldos de los trabajadores, sobre todo el del maestro de obras. Uno de los maestros más famosos, el maestro Jaime de San Jorge, ganaba cinco veces más que los demás. Sin embargo, si tenemos en cuenta el número de gente que tenía a su cargo, vemos que se ganaba el salario.

Y si os preguntaréis adónde van a parar tantos dineros, os diré que son menester 400 albañiles, 2.000 trabajadores, 200 canteros y 30 herreros y carpinteros...

Extracto de una carta escrita por el maestro Jaime a su rey en febrero de 1296

Herramientas para trabajar la piedra

Un compás para medir y marcar la piedra

Un mazo y un cincel para tallar la piedra

¡A trabajar!

En un castillo había cientos de personas trabajando la piedra. Los había de dos tipos: los canteros o picapedreros tallaban los sillares y demás piedras decorativas, mientras que los albañiles y mamposteros levantaban los muros.

Se trata de la construcción de una catedral para Carlomagno en el siglo VIII, pero el artista la ha ambientado varios siglos más tarde, en su época.

Cada albañil tenía un símbolo con el que firmaba sus obras. Esto no se hacía por orgullo, sino para determinar cuánto había trabajado y cobrar en consonancia.

El símbolo de un albañil

Carpinteros

Los carpinteros medievales tenían mucho trabajo, incluso en los castillos de piedra. Para empezar, todos los andamios eran de madera. Después había defensas, suelos, techos, paneles, puertas y contraventanas, por no mencionar los muebles. Una muestra de la importancia del maestro carpintero era que, en muchos proyectos, era el segundo al mando tras el maestro de obras.

La azuela de un carpintero (derecha) para tallar y pulir la madera.

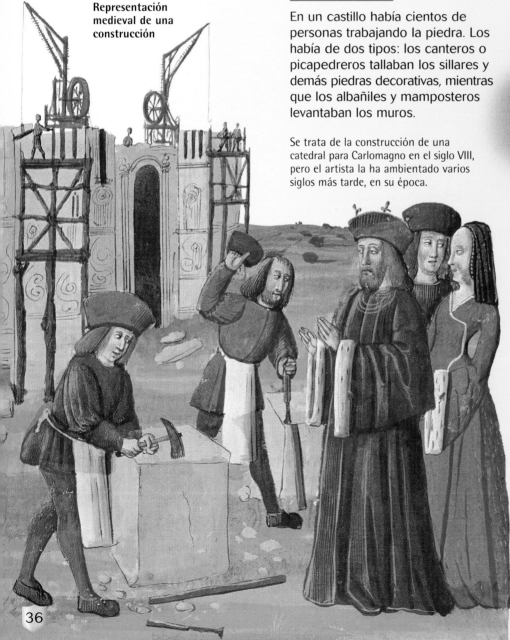

Representación medieval de una construcción

Herreros

Los herreros eran trabajadores muy importantes, ya que fabricaban herramientas para los carpinteros y albañiles, así como las suyas propias. También hacían bisagras para las puertas y miles de clavos para los suelos, techos y puertas.

Una cizalla de herrero (para cortar metal)

Obreros

Los artesanos venían de toda Europa, pero los obreros que construían un castillo provenían de las aldeas cercanas y se ocupaban de los trabajos más arduos, como mezclar la argamasa a mano, cavar zanjas para hacer cimientos y arrastrar las piedras para colocarlas en su sitio. Era un trabajo de temporada: si no había excesiva prisa, en invierno descansaban hasta la primavera.

Canteros

Cuando era posible, los castillos se construían cerca de alguna cantera, pero a menudo la piedra tenía que traerse desde el otro extremo del país o de otro lugar de Europa. Entonces, los canteros la extraían y la cortaban antes de cargarla en el barco que se utilizaría para transportarla hasta el castillo en construcción.

Los pesos se levantaban utilizando una cuerda y una polea.

Enlucidores y pintores

Los castillos estaban muy bien decorados por dentro y por fuera. Aunque se utilizara la piedra más fina (incluso el mármol), no se consideraba bien terminado si no se pintaba. A menudo se encalaba la cara externa de la muralla y, en el interior, los muros se decoraban con dibujos geométricos y de colores vivos y representaciones de animales, plantas o escenas religiosas.

Los enlucidores y pintores dan los últimos retoques a las columnas y muros del gran salón de un castillo.

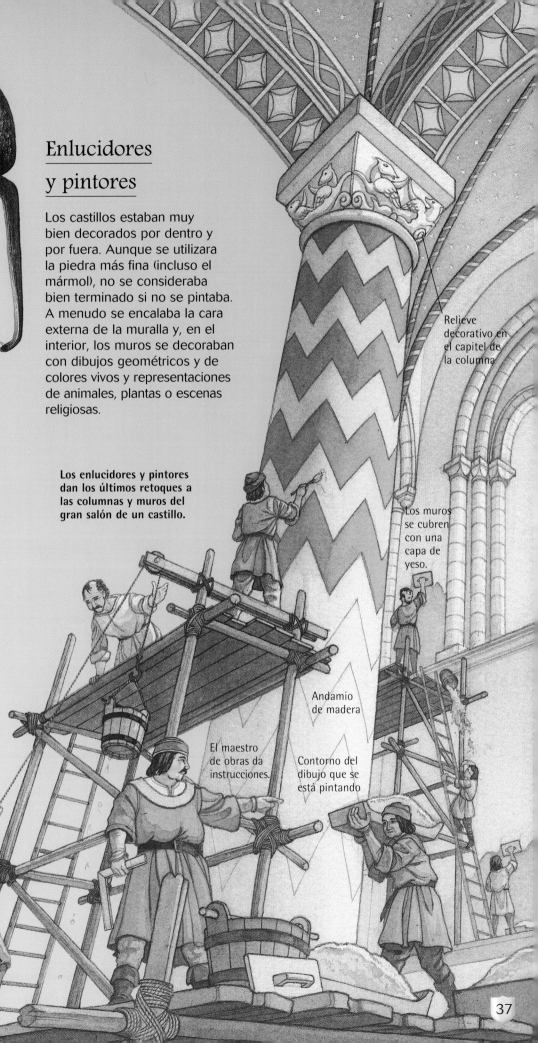

Relieve decorativo en el capitel de la columna

Los muros se cubren con una capa de yeso.

Andamio de madera

El maestro de obras da instrucciones.

Contorno del dibujo que se está pintando

Una sangrienta batalla sacada de una ilustración medieval

La guerra

Donde veremos toda clase de armas y armaduras y aprenderemos los trucos de defensa de un castillo. Asistiremos a un asedio y aprenderemos cómo conquistar y defender una plaza, para más tarde visitar los célebres castillos guerreros de los cruzados y los samuráis.

Armas medievales

Un guerrero llevaba armas distintas dependiendo de si luchaba a caballo o a pie, a campo abierto o defendiendo un castillo. Los caballeros luchaban con lanzas y espadas muy caras que, además de armas, eran un símbolo de riqueza y poder. Los infantes (soldados de a pie) empuñaban sin embargo lanzas, picas y arcos. Para defender un castillo, el arma favorita era la ballesta, una invención del siglo XII tan letal que hubo dos papas que intentaron prohibirla.

Picas y lanzas

Las armas más simples eran las lanzas y las picas, éstas últimas de mayor longitud. Ambas podían causar heridas terribles. A menudo, los caballeros se estrellaban contra las picas de la infantería enemiga formada en nutridas líneas.

Arcos y flechas

Los arqueros se ganaron el respeto de los caballeros gracias a numerosas y célebres victorias. Por ejemplo, los arqueros ingleses derrotaron a los caballeros franceses en Crécy y Agincourt, durante la Guerra de los Cien Años. El arco primitivo era pequeño, pero en el siglo XIII se inventó uno mucho más grande y potente.

Para disparar con un arco tan grande hacía falta mucha fuerza, pero un buen arquero podía disparar hasta 12 flechas por minuto. El arma era tan alta como un soldado y tenía un alcance de casi 300 metros. Los arqueros ingleses eran tan temibles que, cuando caían prisioneros de los franceses, éstos les cortaban los dedos índice y corazón de la mano derecha para que no pudiesen volver a disparar nunca más.

Punta de flecha con lengüetas

Punta de tipo punzón

Las astas de las flechas eran de madera de fresno o álamo, y las aletas de pluma de ganso.

Las saetas que lanzaba la ballesta se llamaban dardos. El problema de la ballesta es que costaba cargarla y solo se podían lanzar dos dardos por minuto, aunque tras las almenas del castillo podía hacerse a cubierto. Eso sí, cuando un dardo alcanzaba de lleno a un caballero, no había armadura que lo detuviese.

Aleta

Arco

Ballesta y dardo

Las ballestas primitivas se cargaban a mano. Las más modernas, como ésta, tenían una manivela.

Hachas y mazas

Cuando iban montados, los caballeros blandían hachas de guerra, mazas y mazas de estrella que podían asestar golpes mortales al enemigo aun con armadura. La maza de estrella se volteaba sobre la cabeza y se usaba para derribar al oponente de su corcel.

Una maza

La alabarda era una mezcla entre una lanza y un hacha.

Una maza de estrella

Las picas podían medir hasta 5,5 m de longitud.

Las lanzas medían casi 3 m.

La maza era una porra con una cabeza metálica.

La bola con pinchos podía quedarse enganchada en una armadura.

Esgrima

Las espadas pesaban muchísimo y los armeros trabajaban constantemente para reforzarlas. Las más primitivas tenían doble filo y las más modernas eran más puntiagudas, para poder penetrar mejor entre las rendijas de la armadura y llegar a la carne atravesando el jubón de cuero.

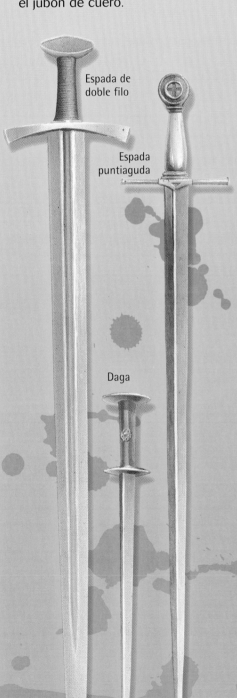

Espada de doble filo

Espada puntiaguda

Daga

La pólvora

La pólvora se inventó en China alrededor del siglo I, pero no llegó a Europa hasta el siglo XIV. En el año 1330, los italianos inventaron el "tubo de trueno", un tubo de piezas de metal soldadas que disparaba fogonazos de pólvora.

Los cañones se fueron perfeccionando, pero ocurrían muchos accidentes. De hecho, un siglo después de que se inventaran, el rey Jaime II de Escocia murió por culpa de una explosión. A principios del siglo XVI, los cañones disparaban bolas a gran distancia y con un efecto devastador, ya que podían hacer un agujero en cualquier muro.

Los mercenarios

Se suponía que todos los caballeros debían 40 días de servicio militar a su señor o a su rey, pero, si un monarca quería atacar un país extranjero, la campaña podía alargarse mucho. En ese caso, recaudaba dinero de sus caballeros y contrataba mercenarios (soldados profesionales).

La solución era buena en tiempos de guerra, pero cuando llegaba la paz los soldados no tenían trabajo. Como consecuencia, se enfurecían y podían alterar seriamente el orden público. Al final, los soberanos se dieron cuenta de que lo mejor era tener un ejército profesional permanente y a sueldo.

Un artillero y su primitivo cañón

Estatua de un mercenario italiano. Estos soldados se llamaban *condottieri*.

rotección máxima

A medida que las armas mejoraban y se hacían más letales, las armaduras tuvieron que hacerse más fuertes y seguras. Los primeros caballeros llevaban únicamente una cota de malla hecha de anillos de hierro. Hacia el año 1200 comenzaron a hacerse calzas y guantes de este material para proteger las piernas y las manos.

Debajo de la cota de malla o plaquín, los caballeros llevaban una chaqueta o jubón acolchado llamado gambesón, que servía para amortiguar los golpes y evitar las rozaduras ocasionadas por el metal. También se utilizaba otro jubón más ligero llamado gambax. No obstante, la cota de malla no podía detener el impacto directo de una lanza o una flecha.

Caballero de principios del siglo XIII

Encima de la cota de malla se colocaba una túnica sin mangas, llamada sobrevesta, que servía para protegerse del sol y a veces llevaba el escudo de armas del caballero.

Yelmo (casco)

Almófar o capuchón de malla

Escudo

Manoplas de malla y cuero

Sobrevesta

Plaquín

Calzas de malla

La loriga y el arnés

En el siglo XIV empezó a usarse la loriga, hecha de cuero y placas de acero articuladas para que los caballeros pudieran blandir sus armas con facilidad. Poco a poco, la protección se fue mejorando hasta que, a principios del siglo XV, cubrió el cuerpo entero y se llamó armadura o arnés de caballero. Un arnés no resultaba mucho más pesado que una cota de malla, porque el peso estaba distribuido por todo el cuerpo en lugar de descansar solo sobre los hombros.

Ante todo, el casco

Casco normando

Yelmo

Celada decorada y con visera móvil

Los primeros caballeros llevaban un casco muy simple y puntiagudo con protección para la nariz, colocado sobre un almófar o capuchón de malla. Tras un siglo de horrendas heridas, se inventó el yelmo, un casco en forma de tonel que protegía la cabeza entera, aunque no daba demasiado campo de visión. Por eso, fue sustituido por la celada, un casco de formas redondeadas con una visera que se podía subir y bajar.

Yelmo

Guardabrazos

Una de las primeras armaduras del siglo XIV

Codal

Manopla (guante)

Muchos caballeros llevaban sobre el plaquín una loriga de cuero con placas de metal.

Polainas para proteger las piernas

Espuela

Los escudos

Un caballero vestido solo con una cota de malla necesitaba un escudo casi tan grande como él, pero, a medida que la armadura fue cubriendo el cuerpo, los escudos se fueron haciendo más pequeños. Un caballero del siglo XV llevaba una armadura tan sólida que podía incluso prescindir de su escudo o adarga.

Evolución de los escudos

Los escudos normandos eran enormes.

Poco a poco adoptaron su forma característica.

Las últimas adargas tenían un papel casi decorativo.

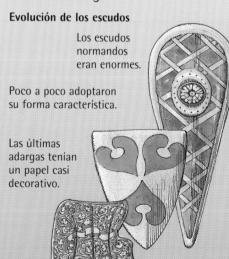

De la cota de malla a la armadura

1. 2. 3.

4. 5. 6. ★

Clave de colores

- Cota de malla
- Gambax (jubón acolchado)
- Polainas de lana
- Sobrevesta
- Cinturón de cuero
- Loriga de cuero y metal
- Arnés o armadura de placas
- Cinturón de metal

Arnés del siglo XV, perteneciente al duque Segismundo de Austria

El ristre era un hierro curvo donde se apoyaba la lanza.

A la moda: algunas armaduras eran plisadas.

Peto o coraza

Los guanteletes eran articulados, para poder mover los dedos.

Quijotes o musleras

Grebas o grebones

A veces era difícil caminar con arnés, porque estaban diseñados para montar a caballo.

¿Al por mayor o a medida?

La demanda de indumentaria guerrera fue tan grande que se desarrolló una industria a gran escala. Por ejemplo, un ejército podía encargar 3.000 cascos y 5.000 lorigas, aunque la infantería solía utilizar piezas usadas. Los señores se hacían las armaduras a medida. Las mejores las fabricaban ciertas familias de Alemania o del norte de Italia, como los Missaglia, cuyas armaduras eran famosas en toda Europa. Éstas venían marcadas con el emblema familiar, lo que dio lugar a un gran número de falsificaciones e imitaciones.

Algunos señores equipaban con bardas o armaduras a sus caballos, pero eran carísimas.

Un caballero y su montura listos para el combate con arnés y barda hechas a medida

★

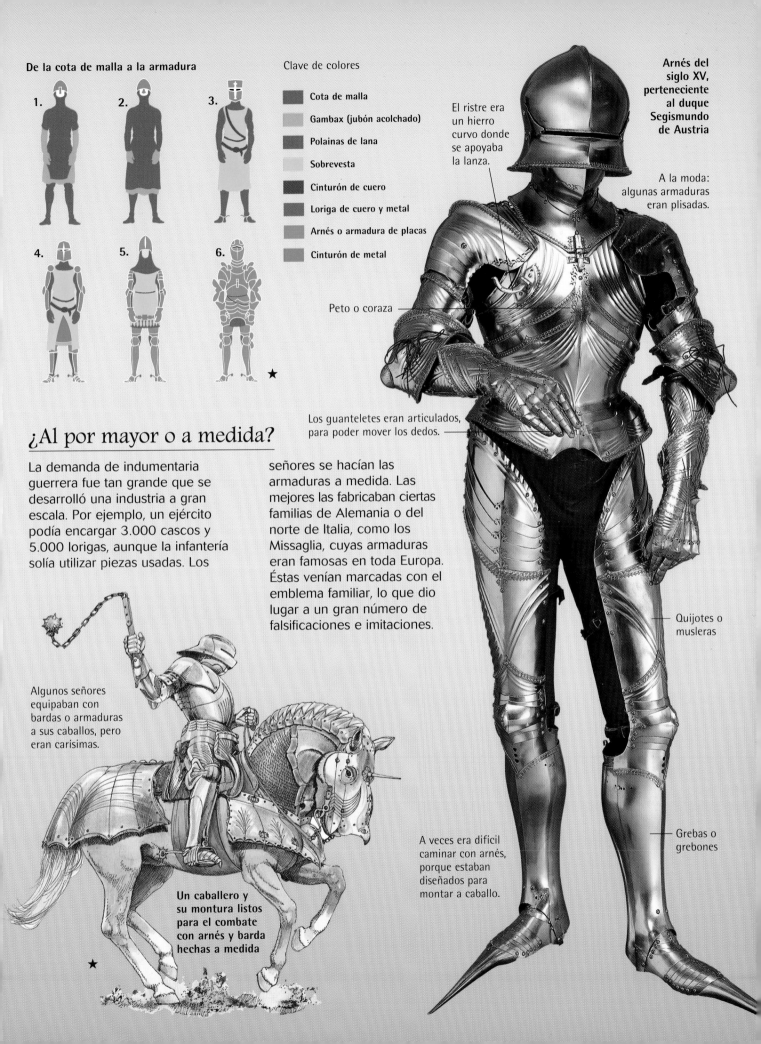

#

Con el paso de los años, se ingeniaron nuevas maneras de proteger un castillo. Se aprovechaban los accidentes del terreno, como un precipicio o un risco, para dificultar cada vez más el acceso. Las murallas alcanzaron los 4 m de grosor, para evitar ser derruidas por los arietes.

Los mejores castillos tenían aún más obstáculos. Incluso se afirma que las escaleras se construían hacia la derecha porque así se daba ventaja al defensor que bajaba, armado con una espada.

Cerros y fosos

Como el alcance de las armas era reducido, la mejor defensa era evitar que el enemigo se acercara al castillo. Por eso, si no había ningún obstáculo natural cercano, se apilaba tierra hasta hacer un cerro artificial y se rodeaba con un foso, a veces lleno de agua.

Puentes

Para cruzar el foso hacía falta un puente, porque nadar con armadura resultaba imposible y, además, bastante desagradable, porque el foso era también el pozo negro del castillo.

Aunque no todos, la mayoría de los castillos disponían de un puente levadizo que se retraía cuando el enemigo se acercaba a la fortaleza.

El Alcázar de Segovia se construyó aprovechando las defensas naturales.

El puente levadizo

Frente a la puerta fortificada podía instalarse un puente levadizo, que podía funcionar por cigoñales o por contrapeso.

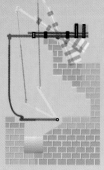

El puente se fijaba con un mecanismo.

Contrapeso

Levadizo por cigoñales

Basculante por contrapeso

La entrada fortificada

Si el enemigo superaba el foso, llegaba a la entrada, que en teoría era el punto más débil del castillo. La entrada incluía un pasillo con otros dos sistemas defensivos: los rastrillos y las buhederas.

El rastrillo era una reja de hierro que subía y bajaba.

★

Las buhederas eran agujeros en el techo del pasillo de entrada. A través de ellos, los defensores lanzaban piedras o agua si el enemigo intentaba provocar un incendio.

Las almenas

Las murallas se remataban con unos parapetos dentados a intervalos regulares, llamados almenas. Gracias a ellas, los arqueros tenían un lugar donde protegerse mientras cargaban sus arcos y un puesto desde donde disparar.

Almenas

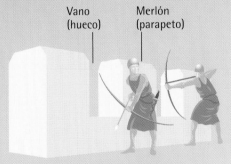

Vano (hueco)

Merlón (parapeto)

Saeteras y troneras

Los defensores del castillo podían disparar desde dentro, a través de unas ventanas estrechas y alargadas llamadas saeteras o aspilleras. Desde ellas se veía bien al enemigo, pero era difícil que sus flechas entraran por la angosta abertura.

Un arquero dispara a través de una saetera. Las más modernas tenían una cámara de tiro: un ensanchamiento a ambos lados para ofrecer un ángulo mayor al tirador.

Cuando los cañones sustituyeron a los arcos, se abrió un agujero en la base de las saeteras, que pasaron a llamarse troneras o cañoneras.

Las troneras podían tener muchas formas. Una de las más comunes era la de "cruz y orbe" (cruz y bola del mundo).

El cadahalso

Para tener mejor ángulo de tiro, los defensores construían sobre las almenas un voladizo de madera llamado cadahalso, techado y con agujeros en el suelo desde donde se lanzaban proyectiles sobre el enemigo. Lo malo era que podía incendiarse o ser destruido por una catapulta.

Con un ariete se intenta derrumbar la esquina de una torre.

El ariete se cubría con pieles de animales empapadas en agua para protegerlo de las "ollas de fuego", calderos llenos de harapos en llamas.

En la base de las torres se construía el alambor, una pared inclinada sobre la que rebotaban los proyectiles que se lanzaban desde arriba.

Un castillo bajo asedio

Una "olla de fuego"

Unos soldados intentan subir al cadahalso con una escalera.

Los matacanes

Como la madera del cadahalso era muy vulnerable y con el tiempo se pudría, se construyeron voladizos de piedra con agujeros en el suelo, llamados matacanes o ladroneras.

A través de los matacanes se lanzan piedras.

Una escalera extensible para subir a las almenas —si es que logran colocarla.

45

os asedios

El último recurso de un ejército que no podía tomar un castillo por la fuerza, ya que algunos eran prácticamente inexpugnables, era instalarse a su alrededor y someterlo a un asedio o sitio. Era el último recurso, porque suponía una enorme cantidad de dinero.

Había dos razones para que un noble quisiera conquistar un castillo. La primera, porque el castillo dominaba todas las tierras que tenía a su alrededor. La segunda, porque si lo rodeaba y lo dejaba atrás, el enemigo podía atacar su retaguardia y cortar sus líneas de comunicación.

La temporada de asedios

La mejor época del año para iniciar un asedio era al final del verano, antes de la cosecha, para que el ejército atacante pudiese aprovechar los cultivos que rodeaban la fortaleza. Si tardaban un poco más, se arriesgaban a sufrir bajo la lluvia otoñal.

Fuera cual fuese el momento, un ejército se las tenía que ingeniar de todas las maneras posibles para intentar derrotar a los sitiados. Cada bando tenía sus ventajas y desventajas. En las páginas que siguen, veremos con todo detalle sus planes, tácticas y armamento.

Un asedio en su momento de máximo apogeo. Todo esto no tenía por qué ocurrir al mismo tiempo, salvo que el señor del castillo tuviera muy mala suerte.

Una catapulta lanza rocas contra las murallas.

Un fraile da la extremaunción a un soldado.

La bastida o torre de asedio tiene una rampa al frente que se baja para que los soldados puedan saltar a las almenas.

Un trabuco lanza una piedra enorme hacia la muralla.

Los atacantes utilizan escudos gigantes para acercarse al castillo.

El jefe de las mesnadas (tropas) enemigas planea la estrategia desde su tienda.

Algunos de los soldados de las almenas son en realidad muñecos de trapo vestidos. Es un truco para que parezca que la guarnición es más numerosa.

Con un gancho como éste y algo de suerte se puede atrapar la cabeza del ariete antes de que rompa la puerta.

Una sirvienta lleva flechas de reserva a todo correr.

Escalera de madera

Las embestidas del ariete se amortiguan con un colchón.

Ariete

Con habilidad y una horquilla se podía derribar una escalera con varios soldados subidos.

El enemigo ha cubierto el foso con escombros y maderas para que las máquinas de asedio puedan acercarse a los muros.

47

Los sitiadores

El arma más eficaz de un ejército sitiador era el factor sorpresa. Si los defensores no estaban preparados, un asedio podía concluir casi antes de empezar. Además, si durante el sitio los defensores bajaban la guardia un momento, el enemigo podía colarse sin ser visto o intentar sobornar a alguno de los defensores.

Si el factor sorpresa fallaba, la siguiente fase era el asalto. Los atacantes intentaban subir a las murallas con escaleras mientras sus arqueros cubrían su acometida con flechas incendiarias. Si no bastaba con eso, se construían unos ingenios bélicos llamados máquinas de asedio. Para poder acercar estas máquinas a las murallas, antes había que rellenar el foso.

Una torre de asedio frente a la muralla de un castillo sitiado

En la torre de asedio había una rampa por la que se accedía a las almenas.

En el interior de la torre, los atacantes estaban protegidos.

Máquinas de asedio

La máquina más sencilla era la bastida o torre de asedio, que se usaba para intentar subir a las almenas. Era muy inestable y podía caerse si el suelo era irregular. Un arma más ofensiva era el ariete o la catapulta, que podían agujerear la muralla. Un ariete empujado por muchos soldados era más fácil de apuntar, pero una catapulta o un trabuco eran más destructivos.

La catapulta, inventada por los antiguos griegos, era un cucharón enorme que lanzaba proyectiles gracias a unas cuerdas retorcidas que la tensaban.

Cuerdas

★

Reconstrucción moderna de un trabuco medieval

Brazo con contrapeso

Red para lanzar piedras o animales muertos (para contagiar enfermedades)

El trabuco, descendiente de la catapulta, era más potente y preciso. Sus servidores eran muy hábiles y podían alcanzar repetidamente una parte de la muralla, hasta lograr destruirla.

Antes del disparo

Después del disparo

Pivote

El contrapeso levanta el brazo.

★

Mecanismo para sujetar el brazo

El proyectil se coloca en una honda.

Al disparar, el contrapeso cae al suelo.

Moscas y barro

No creamos que el ejército sitiador estaba en mejor posición que el sitiado. Si fallaba la artillería pesada, solo quedaba esperar hasta que se acabasen las provisiones del castillo. Como podían pasar varios meses, los sitiados podían recibir refuerzos del exterior. Los sitiadores también tenían que alimentarse y los alimentos robados no duraban para siempre. Además, el pillaje los enemistaba con los campesinos.

Cuando llovía, un campamento, que de por sí no tenía muchos lujos, se convertía en un mar de barro. Abundaban las moscas, no había letrinas y se multiplicaban los casos de disentería y cólera. Las enfermedades y la gangrena de las heridas infectadas eran la causa de muchas más muertes que las armas.

Un señor podía optar por dejar parte de sus hombres sitiando el castillo y seguir avanzando, pero eso dividía su ejército y los que se quedaban se aburrían durante semanas o meses. Ese aburrimiento acababa provocando peleas y dejadez, que los defensores podían aprovechar para lanzar ataques por sorpresa.

El médico atiende a los heridos en la tienda de un caballero.

Un campamento medieval bajo la lluvia

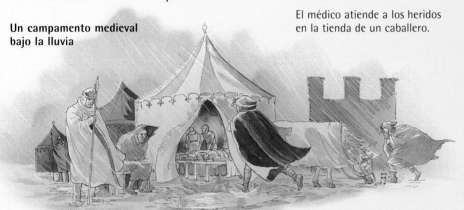

 Link de Internet

Visita el sitio web de los numerosos castillos de Guadalajara, testimonio de la frontera entre Castilla y Al-Andalus, que estuvo situada en la zona durante más de cuatro siglos. Estas fortalezas fueron originalmente construidas por los musulmanes y luego consolidadas por los cristianos.

Para acceder a la página reseñada y a otros muchos sitios web visita: www.usborne-quicklinks.com/es

Las minas

Un enemigo astuto no se dedicaba a intentar derribar las murallas a pedradas, sino a colarse por debajo de ellas. Unos soldados llamados zapadores construían un túnel sostenido por unos puntales de madera que después se incendiaban. El fuego hacía que el túnel se hundiese, derribando parte de la muralla.

En el año 1215, el rey inglés Juan Sin Tierra derrotó al barón de Rochester, que se había rebelado contra él, excavando un túnel bajo una torre de su castillo. El fuego que se encendió en el túnel se alimentó con la grasa de 40 cerdos, hasta que la torre sucumbió y el barón con ella.

La construcción de un túnel para minar un castillo

Los escombros del túnel pueden servir para rellenar el foso.

Así se extraen los escombros.

El túnel se sostiene gracias a unos puntales de madera.

Los soldados cavan y sacan las piedras.

Los sitiados

Cuando un ejército plantaba sus tiendas alrededor de su fortaleza, lo primero que hacía el señor del castillo era intentar comunicarse con algún aliado para conseguir refuerzos. Después, racionaba los alimentos y el agua (cualquier castillo podía caer si el enemigo lograba envenenar el agua).

Letrina

Un soldado se cuela en el castillo por la letrina.

Las aguas negras van a parar al foso.

Con el cuervo se podía atrapar a un soldado distraído.

Un truco sucio

En un castillo sitiado había que montar guardia hasta en las letrinas. El rey inglés Juan Sin Tierra perdió un castillo en Francia en el año 1204 porque un soldado galo muy valiente (y probablemente sin sentido del olfato) trepó por el desagüe de una letrina. Cuando llegó arriba, dejó entrar a los demás atacantes por una ventana.

Las incursiones

Como la mejor defensa es un buen ataque, las incursiones por sorpresa eran fundamentales. En una noche oscura, un grupo de soldados podía escabullirse por la poterna (puerta trasera del castillo) y, si tenían suerte, sorprender al enemigo desprevenido e incendiar su campamento o destruir sus máquinas de asedio.

Las huestes atacantes esperan al pie de la muralla.

Por las bravas

Desde el interior del castillo, la guarnición disparaba flechas constantemente sobre los sitiadores. También lanzaban rocas o arena incandescente, y algunos soldados usaban unas horquillas muy largas para derribar escaleras. Existía incluso un enorme mecanismo llamado "el cuervo" que podía enganchar a cualquiera que se acercase demasiado a las murallas.

En la entrada, los hombres montaban guardia por turnos, armados con agua hirviendo que podían echar por las buhederas. En un primitivo intento de guerra bacteriológica, se lanzaban cadáveres en descomposición dentro del castillo, que los defensores tenían que quemar para que no les contagiaran ninguna enfermedad.

Tácticas

Para atacar un castillo eran necesarios muchos hombres, pero para defenderlo no hacían falta tantos. En 1403, en el castillo de Caernarvon, 428 hombres resistieron un asedio en el que los atacantes sufrieron 300 bajas. A veces se ponían muñecos de trapo sobre la muralla para hacer creer que la guarnición era mayor. También se lanzaba pan sobre las mesnadas enemigas, para que pensaran que abundaba la comida.

Las contraminas

Para averiguar si el enemigo estaba excavando algún túnel se colocaban cuencos llenos de agua sobre el suelo. Si aparecían ondas en la superficie, los defensores se ponían a excavar una contramina de inmediato para interceptar la mina enemiga y poder combatirla bajo tierra.

¿Rendición?

Aparte del hambre y las enfermedades, los mayores problemas eran el aburrimiento y la falta de comunicación con el exterior. El enemigo cortaba las líneas de suministro y extendía rumores falsos para provocar confusión.

Si cundía el pánico entre los ocupantes del castillo, podían acordar una fecha para rendirse si no llegaban refuerzos. El saber que el asedio no era indefinido hacía que el enemigo estuviera de mejor humor y, aunque el señor perdiera el castillo, muchas veces salvaba el pellejo.

Altos vuelos

Aunque un señor considerase la rendición, era importante que no enviara a ningún heraldo a parlamentar si no estaba seguro de que el enemigo estaba dispuesto a hacerlo. Si no era el caso, lo normal era que el heraldo volviese lanzado con el trabuco (primero la cabeza y después el cuerpo).

Los atacantes están a punto de encontrarse con la contramina de los defensores.

Trucos y espías

Había que aprovechar cualquier oportunidad para acabar con un asedio. Cuando la emperatriz Matilda quedó sitiada en el castillo de Oxford (Inglaterra) en el invierno de 1142, se vistió de blanco y huyó cruzando el foso helado, camuflada entre la nieve. En otra ocasión, un espía descubrió que los sitiadores comían todos al mismo tiempo. La guarnición del castillo atacó y acabó con 140 hombres mientras comían.

Ambos bandos empleaban trucos. En 1341, para reconquistar el castillo de Edimburgo (Escocia), Sir William Douglas y un grupo de leales entraron disfrazados de campesinos. Al abrirse la puerta, la bloquearon con sus carretas y pasaron a cuchillo a toda la guarnición antes de que despertara.

A menudo se construían pasadizos secretos para salir en misiones secretas o para introducir suministros. Lo malo era que, si eran descubiertos, el enemigo podía usarlos para entrar.

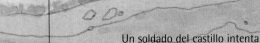

Contramina

El túnel se apuntala con vigas de madera.

Mina

Un soldado del castillo intenta localizar la mina del enemigo guiándose por el oído.

h. 1150-1600
Castillos guerreros

Aunque se construyeron castillos por toda Europa hasta Rusia, el viejo continente no fue el único lugar donde se necesitaron. En los siglos XI y XII, cuando los cruzados fueron a Oriente Próximo, encontraron fortalezas musulmanas tan impresionantes que, tras haberlas conquistado, construyeron las suyas sobre ellas. Tres siglos más tarde, cuando en Europa ya se prefería el lujo, y la defensa había pasado a segundo plano, los señores japoneses también construyeron castillos.

El Krak des Chevaliers, un castillo concéntrico situado en Siria, fue reconstruido por los cruzados sobre una alcazaba islámica.

Las cruzadas

La primera cruzada (guerra religiosa) fue una iniciativa del papa Urbano II en 1096, año en que hizo un llamamiento a los caballeros europeos para que arrebataran Tierra Santa (la actual Palestina) a los turcos musulmanes. Miles de caballeros respondieron.

Puede que muchos acudieran por fervor religioso, pero la promesa de conseguir riquezas y honores fue un factor decisivo. Por el camino, los caballeros fueron construyendo castillos que les servían tanto de refugios en ruta como de bases desde donde poder lanzar ataques sobre ciudades cercanas.

Asedio a una ciudad durante las cruzadas

Si las cosas se ponían feas, construían rápidamente un recinto amurallado con torres y rodeado por un foso. Para ello buscaban lugares inaccesibles, como la cima de una montaña, o estratégicos, que obstaculizaran las rutas comerciales.

El castillo de Kerak, en Jordania, se erigió para interrumpir las líneas de comunicación musulmanas. Sufrió ataques constantes hasta que, en el año 1188, el caudillo musulmán Saladino logró conquistarlo.

Voladizo o techo colgante

Los castillos japoneses se construían sobre colinas para dificultar el acceso.

Las piedras de la base se unían sin argamasa.

Link de Internet

En esta página encontrarás un plano detallado del castillo de Himeji a comienzos del siglo XIX.

Para acceder a la página reseñada y a otros muchos sitios web visita: www.usborne-quicklinks.com/es

El Japón feudal

Los señores feudales japoneses, llamados *daimios*, construían castillos para proteger a sus familias y soldados, pero también para demostrar lo ricos y poderosos que eran. Los castillos japoneses se llaman *jo*.

Las primeras fortificaciones fueron simples torres de vigilancia en las montañas, pero estaban alejadas de todo y no servían para alojar a ejércitos nutridos. Por eso se empezaron a construir torres más cerca del llano, sobre las colinas.

Su nuevo emplazamiento las hacía más vulnerables frente a un ataque, así que se protegieron con foso, murallas, torres vigía y puertas-trampa. La torre original se hizo más grande y se convirtió en la *istenshu* o torre del homenaje. Había al menos tres recintos o patios, dispuestos en forma de laberinto para confundir al enemigo. Antes de la construcción, el *daimio* colocaba cuerdas con el diseño del castillo en el suelo, para asegurarse de que quedaba bien.

Un caballero japonés o samurai. Su armadura está hecha de metal lacado, para evitar que se oxide.

Los samuráis

A varios miles de kilómetros de Europa, los japoneses tenían su propio sistema feudal. Los samuráis eran caballeros que eran leales a su señor hasta la muerte, guerreros que luchaban por él y recibían tierras a cambio. Los samuráis se regían por el *bushido*, un código de honor muy estricto, basado en virtudes como el valor y la lealtad.

En la torre central se alojaban el señor y su familia. Los siervos y los soldados vivían en los edificios contiguos.

La torre del homenaje mide 46,4 m de altura.

Himeji-jo, el castillo de Himeji, en Japón, recibe el sobrenombre de "La Garza Blanca".

Las plantas superiores eran de madera enyesada para protegerla del fuego.

Los castillos japoneses también tenían matacanes, llamados *ishi-otoshi* (rampa para piedras).

Matacán

Ilustración medieval: caballeros lanza en ristre durante una justa

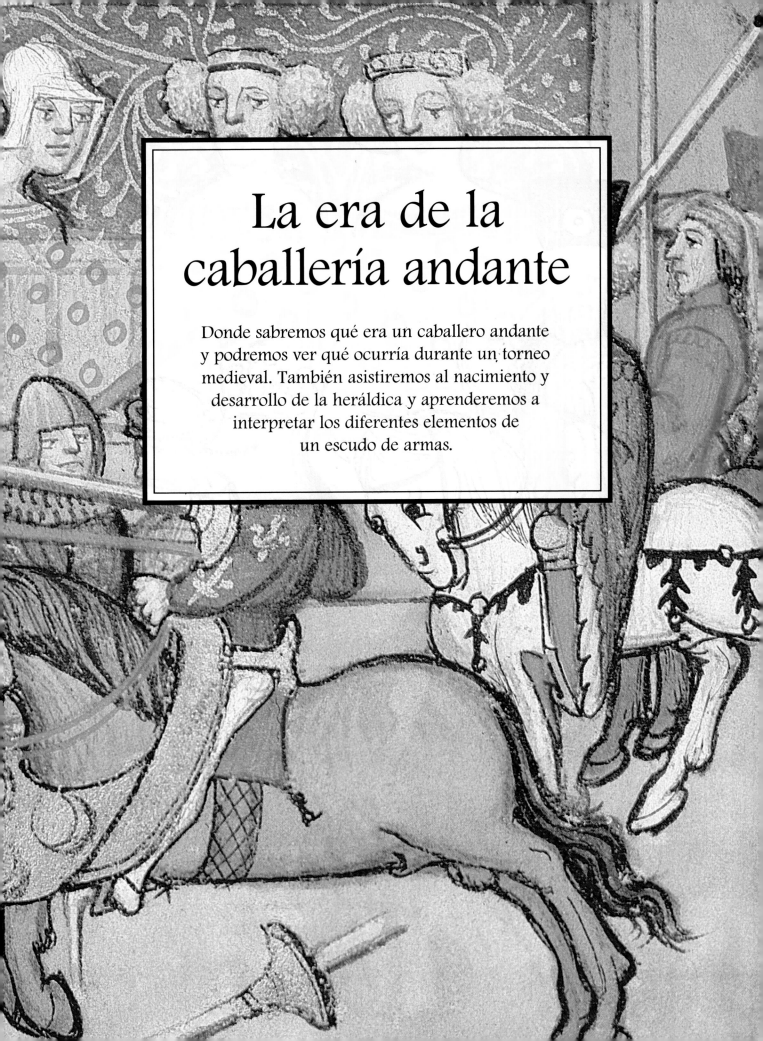

La era de la caballería andante

Donde sabremos qué era un caballero andante y podremos ver qué ocurría durante un torneo medieval. También asistiremos al nacimiento y desarrollo de la heráldica y aprenderemos a interpretar los diferentes elementos de un escudo de armas.

Honor de caballero

Para ser caballero había que ser de familia rica, ya que no se trataba de un simple soldado a caballo. Un caballero gozaba de una buena posición social y tenía muchos gastos: no solo pagaba los caballos, las armas y los sueldos de sus hombres, sino que debía ser muy generoso con sus amistades.

Para un muchacho, el camino hasta conseguir ser caballero pasaba por ser paje y luego escudero. A veces se armaba caballero a un escudero en el mismo campo de batalla, pero normalmente era una gran ceremonia que se celebraba en el castillo.

De escudero a caballero en 6 pasos

1. La noche antes del gran día, báñate y frótate detrás de las orejas (los caballeros son muy pulcros).

2. Acude a la capilla del castillo y pasa la noche rezando para ser un caballero bueno y digno.

3. Con la ayuda de un paje y otro escudero, vístete con tus mejores galas. Hazlo con tiempo, porque se tarda bastante.

4. Arrodíllate ante tu señor para que te nombre caballero. Te dará un golpe en la nuca, así que no te muevas.

5. Recuerda dar las gracias a tu señor cuando te entregue tu espada y tus espuelas.

6. Vuelve a la capilla para recibir la bendición del capellán. Así saldrás airoso de cualquier combate.

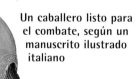

Un caballero listo para el combate, según un manuscrito ilustrado italiano

La vida del caballero

La mayoría de los caballeros recibían tierras del señor y a cambio le prometían 40 días de servicio militar. Cuando no estaban protegiendo a su señor ni luchando por él en alguna campaña, iban de torneo en torneo para ganarse un dinero extra (por eso se llamaban caballeros andantes).

Trabajo en equipo

Normalmente, un caballero no iba solo, sino acompañado de pajes y escuderos, soldados, sirvientes y equipaje. Además, necesitaba al menos tres caballos: un corcel para la batalla, un palafrén para viajar y un caballo de carga para llevar todos sus pertrechos.

Un caballero andante con sus sirvientes y caballos

Los trovadores

El auge de la caballería vino acompañado por los trovadores, caballeros poetas que componían y cantaban versos. Las letras de sus trovas o cantares no solo hablaban de las hazañas de los caballeros, sino también del amor de las damas por las que combatían. El llamado amor cortés era un amor puro y noble y el respeto hacia las damas era fundamental.

Aquello significó un cambio importante para la mujer, porque hasta entonces las trataban como si fueran un mueble más. Siguiendo el ejemplo de Leonor de Aquitania, reina de Francia e Inglaterra en el siglo XII, las damas abrieron sus casas a los trovadores y sus ideales.

San Jorge, el dragón y la princesa, una leyenda clásica representada sobre el muro de la iglesia de San Zeno Maggiore, en Verona (Italia)

🏰 Link de Internet

En esta página encontrarás amplia información sobre la Edad Media: las cruzadas, el feudalismo, la sociedad y religión de la época, así como animaciones sobre el castillo y los caballeros medievales.

Para acceder a la página reseñada y a otros muchos sitios web visita: www.usborne-quicklinks.com/es

La Orden de Caballería

La palabra caballero significaba "montado a caballo", pero en el siglo XII nació la Orden de Caballería, un código de conducta por el que se regían todos los caballeros. Tenían que ser gentiles, sinceros, leales y corteses con las damas (incluidas sus hermanas), además de nobles en el combate. Había que cumplir muchos requisitos – y muchos no lo hacían.

En lugar de escuchar al trovador, la señora del castillo presta atención a la carta que está leyéndole su dama de honor.

Los torneos

En tiempos de paz, como los caballeros deseaban mantenerse en forma y no perder sus habilidades guerreras, se organizaban torneos: el galope de los corceles, el entrechocar de los aceros, el clamor de los asistentes... y la posibilidad de llevarse una jugosa bolsa.

El origen de los torneos está en las *melées* francesas, batallas simuladas que se celebraban en el siglo XI. Pese a que no eran reales, ocasionaban muchos heridos y muertos, de modo que la iglesia las prohibió y se organizaron otras formas más civilizadas de combatir.

Estos caballeros esperan su turno para participar.

Las justas

Los estrictos controles hicieron que el público perdiera el interés por las *melées* en favor de las justas: dos caballeros montados se lanzaban uno contra otro con el objetivo de desarzonar (derribar del caballo) al rival con una lanza. Los contendientes podían romper hasta tres lanzas. Después, luchaban a pie con espadas, hasta que un caballero quedaba de rodillas o se rendía.

Un torneo en todo su esplendor, alrededor del año 1350

Los caballos iban cubiertos con protecciones de metal y paja.

Lanza

Un caballero vencido intenta, desesperado, recomprar al vencedor su caballo y sus armas.

Ratero

Ganar y perder

En el siglo XIII, en pleno auge de la caballería, los torneos se hicieron aún más civilizados. Eran una fiesta a la que acudían caballeros de todo el país que, aunque ya no arriesgaban la vida, se jugaban todo lo demás. Un caballero vencido tenía que entregar al vencedor su caballo y su armadura o su equivalente en dinero. También sufrían heridas espantosas.

¡A todo galope!

En el siglo XV, las justas se celebraban con una barrera de madera entre los dos caballeros, que hacía la misma función que la mediana de una autopista. Esta barrera se comenzó a utilizar porque muchos caballeros desarzonados morían bajo los cascos del corcel de su oponente.

Escudo de armas del anfitrión

Un paje se sube a la tribuna para ver mejor

El heraldo anuncia a los contendientes

Campamento de los caballeros

Copa para el ganador

Un caballero herido sobre una camilla

El señor y la señora, sus invitados y los ciudadanos ilustres veían el torneo desde una tribuna decorada.

Las puntas de las lanzas eran romas, pero aun así ocurrían accidentes terribles.

Cada caballero acometía por un lado de la barrera.

Barrera

Un soldado de la guardia del señor

Venta de bebidas

Competición de tiro con arco

Y además...

Los torneos contaban también con competiciones de lucha libre, tiro con arco o esgrima. Un día de torneo era una festividad que brindaba a los nobles la oportunidad de vestir sus mejores galas y a los campesinos un descanso.

59

# La heráldica y los blasones

Como era muy difícil identificar a los caballeros con el yelmo puesto, éstos comenzaron a pintar su blasón, es decir, sus armas y sus colores, en los escudos y en las sobrevestas. Así nació el escudo de armas.

El escudo de armas

Para que resulte más fácil su descripción, los escudos de armas están divididos en distintas secciones con nombres muy peculiares (si crees que nos hemos equivocado con "izquierda" y "derecha", piensa que eres tú quien sujeta el escudo).

El fondo del escudo, llamado campo, puede ser metálico —de oro o plata— o de colores: azur (azul), gules (rojo), sable (negro), sinople (verde) y púrpura (violeta). El campo del escudo también puede representar el pelaje de un animal (por ejemplo, el armiño).

Las distintas secciones de un escudo

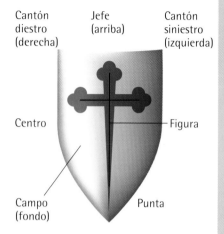

Cantón diestro (derecha) · Jefe (arriba) · Cantón siniestro (izquierda) · Centro · Figura · Campo (fondo) · Punta

Se sigue la siguiente regla: cuando el campo es metálico, la figura siempre es de color; cuando el campo es de color, la figura siempre es metálica.

Las armas o colores eran muy útiles en los torneos. Muy pronto los heraldos, que presentaban a los participantes de los torneos, se convirtieron en verdaderos expertos en reconocer blasones. Poco después, comenzaron a llevar un registro de los escudos de armas y a diseñar otros nuevos. Por eso, este arte se denominó heráldica.

Las armas de la familia

Los nobles heredaban los escudos de armas de sus antepasados y los pintaban por todas partes. Las muchachas utilizaban el escudo de su padre hasta que se casaban. Entonces, su escudo de armas se unía al de su marido. Los hijos tenían un escudo parecido al del padre, pero con diferencias para marcar su puesto en la familia.

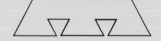

Mientras un padre vivía, su primogénito o hijo mayor llevaba este símbolo en su escudo de armas, llamado lambel.

Esta imagen forma parte de una vidriera que muestra al emperador Rodolfo I con su escudo de armas.

 Link de Internet

Sitio con los escudos de 700 apellidos españoles. ¿Encuentras el tuyo?

Para acceder a la página reseñada y a otros muchos sitios web visita: **www.usborne-quicklinks.com/es**

Guía práctica de escudos de armas

Los heraldos registraban todos los diseños existentes en pergaminos. Los más sencillos se denominan "ordinarios":

| Jefe | Faja | Palo | Banda | Cruz | Sotuer o aspa | Cabrío o chevrón | Calzado |

Los escudos de armas reciben nombres distintos según el tipo de partición y el tipo de figura.

Particiones principales:

| Cortado | Partido | Tronchado |

Particiones secundarias:

| Palado | Fajado | Bandado | Ondeado |

| Cabrío o chevronado | Cuartelado |

| Ajedrezado | Palo ondulado | Losanjado | Gironado |

Algunas figuras:

| León rampante | Zorro sentado | Flor de lis | Rosa | Cruz floreada | Hachas en sotuer (aspa) | Creciente |

El blasón

Las figuras de los blasones siempre significan algo. La vieira era el símbolo de los peregrinos que hacían el Camino de Santiago. La abeja simbolizaba el trabajo. La espada indicaba que el dueño había sido soldado. Una mano abierta, generosidad; una cerrada, fortaleza. A menudo, se utilizaban figuras representativas: por ejemplo, en el escudo del reino de Castilla hay un castillo, en el de León, un león, y en el de la ciudad de Granada, aparece esta fruta.

Ilustración sacada de un manuscrito que representa al rey de Castilla y León. Para representar el campo de plata, los heraldos preferían el blanco porque el plateado se deslustraba (se ponía negro).

Al detalle

La palabra blasón, como muchas otras dentro del mundo de la heráldica, proviene del francés antiguo. La descripción minuciosa de un blasón comienza por el campo —si es metálico o de color y cómo está dividido— y después se pasa a describir la figura. Abajo tenemos dos escudos inventados:

Escudo verado de plata y sinople

Escudo partido de gules y azur. Sobre el todo, una galera de oro

Escena copiada de una ilustración medieval. La escritora francesa Christine de Pisan presenta un libro a la reina Isabel de Baviera.

La vida en los castillos

Donde sabremos exactamente quién era quién en un castillo, quiénes mandaban y quiénes los servían. Aprenderemos qué comían, cómo se entretenían y cómo era la vida de los aldeanos que vivían fuera del recinto amurallado.

El rey y la nobleza

En un castillo, todo dependía de la figura del rey o del señor feudal (o su esposa cuando éste se ausentaba). Uno de los quehaceres más importantes del señor era visitar sus tierras para comprobar que todo marchaba bien, o sea, que se le pagaba la renta feudal y no se tramaba ninguna revuelta.

Cuando estaba en su castillo, el señor presidía un tribunal que trataba los pleitos locales e imponía multas y castigos a su antojo. También organizaba festejos para recibir a los invitados ilustres. Eso sí, por muy ocupado que estuviese, un señor tenía que partir inmediatamente si el rey requería su presencia en un tribunal o en el campo de batalla.

Sello de autoridad

En los primeros castillos, los señores pasaban demasiado tiempo luchando como para aprender a leer y a escribir, así que tenían escribanos que redactaban sus cartas y misivas. Para demostrar que eran suyas, las cerraban con cera derretida y las marcaban con su sello personal.

El gobernador

Muchos reyes tenían un castillo en cada condado o comarca. Como no podían estar en todas partes a la vez, escogían a un gobernador para cada castillo. Su tarea era recaudar la renta feudal para el rey y atrapar a los malhechores, por lo que no eran muy queridos.

El señor y su familia se entretienen en el salón privado.

Sello de Isabel de Hainault

Sello de Robert Fitzwalter

Mi señora

Las mujeres de la nobleza solían casarse por dinero y no por amor, y ser la mano derecha de un señor no era cosa fácil: cuando éste estaba en el castillo, la señora estaba al mando de todas las tareas domésticas, pero si se ausentaba era ella quien además gestionaba el patrimonio y defendía el castillo.

La tarea más importante de la señora del castillo era procurar que la despensa estuviese bien provista y controlar el dinero que se gastaba en comida. Si había invitados, era ella la que disponía sus aposentos y los espectáculos para entretenerlos. También supervisaba la educación de los niños.

Una niñera mece la cuna para dormir a un bebé.

Un tapiz

Mural

Estos niños juegan con caballeros de trapo.

Una partida de ajedrez

Un tacatá medieval

El ocio de las damas

Las señoras dedicaban el escaso tiempo libre de que disponían a la lectura, los juegos de mesa, los bordados, el canto o la danza. Si querían hacer ejercicio, practicaban la equitación o la cetrería. Cuando había alguna feria comercial, podían ir de compras. También visitaban a sus amigos, salían a comer al campo o asistían a juicios.

Esta ilustración, sacada de un manuscrito medieval, muestra a una doncella arreglándole el pelo a su señora.

El trabajo de una señora no acababa nunca...

Decirle al senescal que elimine los olores en el gran salón

Comentar el menú de un banquete con el senescal y el cocinero jefe

Asegurarse de que hay bastante tela para fabricar ropa en el castillo

Doctora improvisada

Muchos castillos tenían su propio médico. Si no era así, la señora era quien asumía el papel. Era experta en mezclar hierbas medicinales, que cultivaba en un pequeño huerto y utilizaba para aliviar todo tipo de dolencias.

Los niños

Los pequeños nobles de un castillo solían ser hijos de los parientes del señor y la señora. Los nobles se intercambiaban a sus hijos cuando alcanzaban cierta edad: los niños para servir como pajes a la edad de siete años y las niñas para aprender a ser una buena esposa.

Juguetes medievales: un caballo, un aro y una pelota

■ Link de Internet

Página web sobre el vestido en la Edad Media y su evolución hacia el vestuario de la Época Moderna.

Para acceder a la página reseñada y a otros muchos sitios web visita: **www.usborne-quicklinks.com/es**

El matrimonio

Los matrimonios se acordaban entre los padres cuando sus hijos estaban aún en la cuna. Muchas niñas se casaban a los 14 años, edad a la que los niños comenzaban a entrenarse como escuderos, con la esperanza de ser armados caballeros algún día.

Los juguetes se hacían de materiales naturales, como el cuero y la madera.

El castillo y el feudo

En la Edad Media, los señores tenían a personas de confianza que organizaban las cosas por ellos. Como la mayoría de señores tenían numerosos castillos y feudos (tierras donde gobernaban), por no mencionar sus deberes con el rey y la justicia, nombraban administradores que se encargaran de los asuntos cotidianos. Algunos señores tenían dos: uno para sus tierras y otro para el castillo.

El administrador

El administrador procuraba, con la ayuda de los recaudadores, que todo el mundo pagara su renta feudal, sus multas y sus tributos. Muchos de estos tributos se pagaban con víveres, así que era fundamental organizarse bien y disponer de carreteros para llevar los alimentos al castillo.

El senescal trabajaba codo con codo con el administrador. Como mayordomo mayor (su nombre viene del germánico *siniskalk*, "el sirviente de más edad"), su cometido principal era alimentar a todo el personal del castillo. Esto no era tarea fácil, ya que había que ser muy previsor o se corría el riesgo de pasar hambre si el castillo era asediado.

No había supermercados, así que si se acababa algún artículo de lujo como el azúcar no se podía comprar más hasta que llegaba la siguiente feria o se podía visitar el burgo (ciudad) más cercano. Entre otras labores, el senescal se encargaba de supervisar la conservación de los alimentos.

Los jamones se cuelgan para que se curen.

Un sirviente lleva un saco de maíz a la despensa.

Desde el puerto más cercano se traía pescado y se salaba.

El senescal supervisa la conservación del pescado en salazón.

Como la gente se aburría de los alimentos en salazón, las comidas llevaban muchas especias. Como éstas eran tan caras, el senescal las guardaba bajo llave y las racionaba. Además de asegurarse de que todo el mundo tuviese suficientes alimentos, era el encargado de contratar artistas para que actuaran durante los banquetes en el gran salón.

Los escribanos

Todo administrador tenía siempre a un escribano cerca. Como eran de los pocos que sabían leer y escribir, los escribanos llevaban la contabilidad y registraban lo ocurrido en los tribunales. Si su señor era un funcionario del rey, el escribano también debía enviar informes periódicos a la corte, además de escribir cartas de cortesía para no perder la amistad con el monarca.

Este tipo de misivas al rey se enviaban muy a menudo, para felicitar a Su Majestad por el casamiento de una princesa o por la muerte de un enemigo.

Un retrato de Eadwine, un monje del siglo XII, trabajando sobre la típica mesa de escribano

Un control estricto

La mayoría de los señores tenían varias heredades o fincas, aunque solo tuvieran un castillo. En cada una se erigía una casa solariega ocupada por un noble de rango inferior o un caballero, que a su vez contaba con recaudadores, que se aseguraban de que los campesinos trabajaran y pagaran la renta feudal.

Un recaudador y un campesino

El recaudador hablaba con un representante de los campesinos, que era quien defendía sus intereses ante los señores y era su portavoz ante las cortes o tribunales.

El gran chambelán

El gran chambelán era quien estaba a cargo de los aposentos privados de su señor y llevaba un control muy estricto de sus bienes, sus riquezas y sus cuentas, con la ayuda del tesorero. Como el dinero era contante y sonante y no existían los bancos, se guardaba bajo llave en un cofre y en una estancia con guardias en la puerta.

La mesa del escribano y contable estaba repleta de plumas de repuesto.

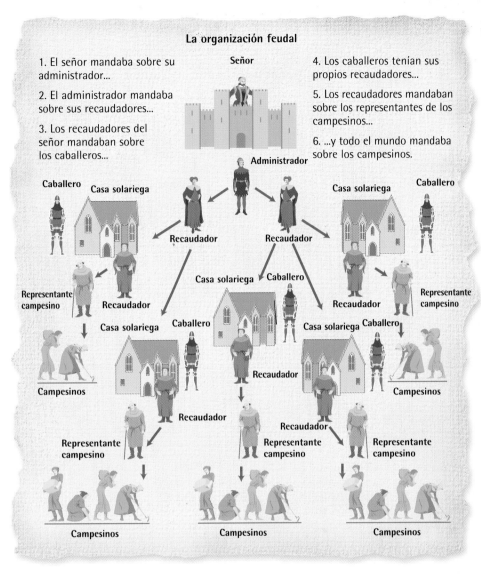

La organización feudal

Señor

1. El señor mandaba sobre su administrador...

2. El administrador mandaba sobre sus recaudadores...

3. Los recaudadores del señor mandaban sobre los caballeros...

4. Los caballeros tenían sus propios recaudadores...

5. Los recaudadores mandaban sobre los representantes de los campesinos...

6. ...y todo el mundo mandaba sobre los campesinos.

Administrador

Caballero — Casa solariega — Recaudador — Recaudador — Casa solariega — Caballero

Representante campesino — Recaudador

Campesinos

Casa solariega — Caballero

Caballero — Casa solariega — Recaudador

Recaudador — Representante campesino

Recaudador — Casa solariega — Caballero

Representante campesino

Campesinos

Recaudador

Representante campesino

Recaudador — Representante campesino

Campesinos

Campesinos

Campesinos

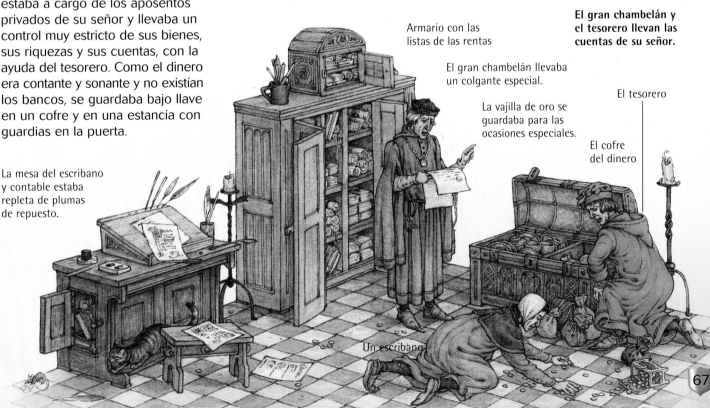

Armario con las listas de las rentas

El gran chambelán llevaba un colgante especial.

La vajilla de oro se guardaba para las ocasiones especiales.

El gran chambelán y el tesorero llevan las cuentas de su señor.

El tesorero

El cofre del dinero

Un escribano

67

La guarnición

En todos los castillos tenía que haber soldados. Incluso en tiempos de paz, los señores rivales estaban siempre dispuestos a ocupar las tierras de su vecino por las buenas o por las malas. Para defender un castillo era necesaria una guarnición permanente: caballeros y soldados que, al mando del alcaide, defendían el castillo a cambio de alojamiento y comida.

La mayoría de los caballeros poseían sus propias tierras en otro lugar y tenían que vivir en el castillo durante 40 días para pagar a su señor. El problema era que un asedio no respetaba ningún plazo y a veces los caballeros tenían que quedarse mucho más tiempo del deseado. Al final, la mayoría optaban por pagar un dinero que el señor utilizaba para contratar soldados profesionales, que vivían en el castillo.

Hombres de armas

Entre los soldados había arqueros, que disparaban con arco o con ballesta pero que, cuando la cosa se ponía fea, se armaban con cualquier cosa que hubiera a mano. El alcaide era quien daba las órdenes, pero el jefe inmediato de los soldados era un sargento.

Los vigías

La guarnición de un castillo mantenía una guardia constante en las almenas, desde las que avistaban a los visitantes, fueran amigos o enemigos. Cuando viajaba de un lugar a otro, el señor se llevaba una escolta de soldados, porque los bosques estaban infestados de bandidos.

Un ataque por sorpresa al atardecer

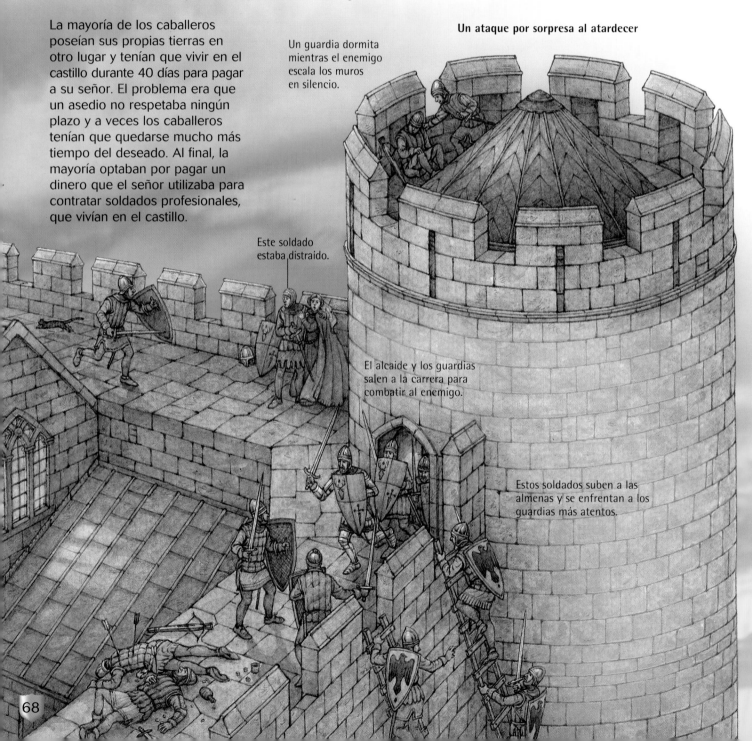

Un guardia dormita mientras el enemigo escala los muros en silencio.

Este soldado estaba distraído.

El alcaide y los guardias salen a la carrera para combatir al enemigo.

Estos soldados suben a las almenas y se enfrentan a los guardias más atentos.

Pajes y escuderos

Los caballeros vivían en los castillos con todo su séquito de escuderos y pajes. Cada paje tenía ciertas tareas asignadas, como ayudar a servir la mesa, aunque su labor principal era aprender.

Unos pajes se entrenan en el manejo de las armas.

Pasaban el día recibiendo clases. Las de lectura, escritura y latín, las impartía el capellán. También tenían que aprender modales caballerescos, a cantar, comer y servir la mesa —cosa que ponían en práctica a la hora de la cena—, así como a montar a caballo y a luchar con espadas de madera.

A los 14 años, un paje pasaba a ser escudero y luchaba con espadas de verdad. Aunque continuaban su educación, las clases de esgrima cobraban más importancia que las de cocina. Cuidaban de las armas y la montura de su caballero y le ayudaban a prepararse para el combate. Como el escudero era un guerrero entrenado, acompañaba a su señor a todas partes, incluso al campo de batalla.

Éstos dos juegan a los torneos.

El alcaide enseña a dos pajes los secretos de la esgrima.

Un paje de más edad se entrena con la lanza. Va montado en un caballo de madera tirado por dos criados exhaustos.

El entrenamiento

Los escuderos practicaban deportes para mantenerse en forma y pasaban horas aprendiendo a luchar. Se entrenaban a caballo con un estafermo (en el dibujo de la derecha) o intentando enganchar con la lanza unos aros que se dejaban colgando de unas cintas.

El estafermo era un poste con un brazo giratorio que tenía un escudo en un extremo y un contrapeso en el otro.

El escudero cargaba en su caballo hacia el estafermo, manteniendo equilibrada la lanza bajo el brazo, para intentar golpear el centro del escudo.

El estafermo era una buena prueba para comprobar los reflejos y la coordinación del futuro caballero. Si no se agachaba inmediatamente, el contrapeso le golpeaba.

Los sirvientes

Un castillo podía estar abarrotado de gente o quedar en manos de unos pocos sirvientes y soldados. Como la mayoría de los señores feudales poseían más de un castillo (en el año 1214, el rey Juan de Inglaterra llegó a tener 100), se pasaban la vida de uno a otro.

Cuando se acababan los víveres o la señora decidía que el castillo necesitaba una limpieza general, se mudaban a otro y se llevaban con ellos a la gran mayoría de los sirvientes.

Los sirvientes del castillo

Gran parte de los sirvientes que había dentro del castillo trabajaban en un lugar determinado, como por ejemplo la cocina. Otros, como los escribanos, desempeñaban varias funciones a la vez. En cuestiones de víveres, los puestos principales eran cuatro. El despensero y el botellero se encargaban de la comida y la bebida respectivamente (cuando el señor estaba en el castillo, las cantidades eran pantagruélicas). El cocinero jefe tenía docenas de ayudantes y pinches en la cocina, mientras que el mayordomo se ocupaba de que la mesa estuviera bien puesta.

El gran salón

Para servir las mesas del gran salón de un castillo hacía falta una enorme cantidad de sirvientes. En cada puerta se colocaba un ujier y había encargados de limpiar los manteles, de airear las camas, de sacudir los tapices y de cambiar la paja que cubría el suelo cuando se ensuciaba.

En los telares se fabricaban telas. Fíjate en la araña que hay arriba, símbolo del trabajo.

Las damas de compañía

En general, había muchos más hombres que mujeres, aunque en todos los castillos había lavanderas y varias costureras que trabajaban para los sastres. Aparte de las niñeras y unas pocas criadas, las únicas mujeres del castillo eran la familia del señor y sus damas de compañía. Éstas últimas solían ser parientes nobles que ayudaban a la señora con sus tareas diarias y, más que nada, le hacían compañía.

Dibujo de dos sirvientes, sacado de un manuscrito medieval

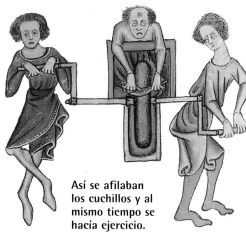

Así se afilaban los cuchillos y al mismo tiempo se hacía ejercicio.

Mantenimiento

En un castillo eran necesarias reparaciones constantes, desde cambiar una puerta podrida a arreglar una tubería. Aparte del herrero y del carpintero, siempre había unos cuantos sirvientes hábiles capaces de arreglarlo todo y, a menudo, incluso un fontanero.

El mariscal

El responsable de todo lo que ocurría fuera del castillo, excepto el tiempo, era el mariscal (palabra que luego adquirió un uso militar). Era el encargado de organizar cacerías y procurar el bienestar de los caballos, el ganado y las aves del castillo. También supervisaba las entregas de los carreteros y las misivas de los emisarios.

La tarea más complicada del mariscal comenzaba cuando su señor decidía trasladarse a otro castillo. Un señor no se mudaba con su familia, sus criados y algo de ropa, sino que se lo llevaba todo menos el fregadero de la cocina (y solo porque eran de piedra). El mariscal tenía que organizar y empaquetarlo todo, desde la cama con cuatro postes y dosel hasta algo tan pequeño como las cucharas de plata.

Link de Internet

Obtén más información sobre la organización de la vida en un castillo y visita la colección de fotos.

Para acceder a la página reseñada y a otros muchos sitios web visita:
www.usborne-quicklinks.com/es

El carruaje de la señora tenía cortinas que la protegían del polvo del camino.

Este halconero está llamando a un halcón que se le ha escapado.

Las carretas van repletas de muebles.

Cuando se recogía un castillo para marchar a otro, participaba todo el mundo.

Sacos de cacharros de cocina

La familia se llevaba las mascotas.

La comida y los banquetes

La base de la dieta era el pan, el queso y las verduras. En los castillos había huertos donde se plantaban verduras, que se comían frescas o se conservaban en escabeche o secas. A veces se cultivaban frutas: en el norte, manzanas o peras y, en el sur, cítricos o uva. Además, se practicaba la apicultura o cría de abejas, ya que los alimentos se endulzaban con miel. El azúcar venía de Oriente y comprar una cantidad ínfima podía costar el sueldo de un año.

Pan comido

Como la patata aún no había llegado a Europa y solo los ricos podían permitirse comer arroz, se servía pan con todo. El pan del señor se hacía con harina blanca, más fina, y el de los sirvientes con harina sin refinar. Este último, llamado pan negro, se cortaba en grandes tajadas que servían como plato (en el caso del señor, las tajadas de pan iban en bandejas de plata). Las tajadas, empapadas en salsa, se daban a los pobres al terminar.

La carne, un lujo

Cuanto más rico eras, mejor comías, aunque en los castillos se comía bastante bien. El señor y sus allegados comían lo mejor de lo mejor (por ejemplo, después de una cacería, comían venado). Por otro lado, la comida de los criados era mucho más sencilla y el plato más común era el estofado de verduras, aunque también comían carne de vez en cuando.

Los nobles comían carne siempre que podían, asada o en pasteles. En una ocasión, la iglesia decretó que en determinados días solo se permitía comer pescado y los nobles decidieron que cierta especie de ganso se consideraba pescado, para así poder comer carne cuando quisieran.

Así se rellena un pollo.

Los banquetes

Uno de los deberes de cualquier señor era ser generoso y ofrecer copiosos banquetes para impresionar y entretener a sus invitados. En los banquetes, el menú era más exótico: se cocinaban pavos reales y cisnes e incluso se coloreaba la comida para animar la fiesta. Cuanto más importante era alguien, más cerca del señor se sentaba. En los extremos de las mesas, la comida estaba más fría, era más sencilla y se servía más tarde.

Un banquete a punto de comenzar

La gente menos importante se sienta a más distancia del señor.

Tajada de pan

Pastel de carne

Los juglares afinan los instrumentos, listos para el comienzo del banquete.

Paje

Se contratan artistas para entretener a los invitados.

El pavo real se sirve relleno y con la cola puesta.

Un ojo de la cara

Aunque en un castillo siempre se gastaba mucho en comida, en los banquetes se tiraba la casa por la ventana. En el año 1275, la familia y los dos invitados del castillo de Kenilworth pidieron para cenar tres carneros, un buey y medio, dos cabritos, seis gallinas y trescientos huevos.

Un obispo invitado bendice la mesa antes de comer.

El alcaide y su esposa

Pollos en un espetón

El bufón del castillo

El chambelán y los administradores

El señor y su familia se sientan en una mesa colocada sobre una plataforma.

El salero

Filetes de carnero

La madre del señor

Estofado de carne

Este paje es sobrino del señor. Lleva un cuenco con agua a la mesa, para que el señor y sus invitados se enjuaguen las manos.

Un castillo de mazapán

Link de Internet

Las especias eran una parte muy importante de la cocina medieval, descúbrelas en este sitio web.

Para acceder a la página reseñada y a otros muchos sitios web visita: www.usborne-quicklinks.com/es

Diversiones medievales

Los sirvientes de un castillo se pasaban la vida trabajando y apenas tenían tiempo libre. Por el contrario, los señores vivían rodeados de lujos y diversiones. En muchos castillos había un bufón que entretenía a los señores y les hacía reír. Cuando había banquete, se contrataba a mimos, malabaristas, acróbatas y músicos.

Para las veladas menos animadas, se recurría a los juegos de mesa, los chismorreos y los bordados.

Ilustración que representa a un bufón

Los dados eran un pasatiempo muy practicado. La iglesia los prohibió por las tremendas palabrotas que decía la gente cuando perdía, pero no consiguió que nadie dejara de jugar.

Una feria medieval

¿Juego o sosiego?

En el medievo había muchos juegos de mesa, como el tres en raya o las damas, pero el más emocionante de todos era el ajedrez, porque podía resultar letal. Se sabe que una mujer fue apuñalada por un mal perdedor y que un hombre fue golpeado brutalmente con el tablero... por cometer el error de ganarle al rey.

Grabado de un hombre jugando al ajedrez

La feria medieval

Incluso los sirvientes tenían días libres. En los días festivos no trabajaba nadie, excepto los clérigos. Una vez concluida la misa, todo el mundo iba a comer, beber, cantar y bailar. Sin embargo, los más divertidos eran los días de feria, que se organizaban dos veces al año. En las ferias no había toboganes gigantes, pero sí mercaderes extranjeros con productos exóticos, como especias y sedas traídas de Oriente.

Los deportes

Entre otros deportes, se practicaba la lucha, el lanzamiento de martillo, la natación y los bolos. El fútbol también era popular, pero nadie quería ser el árbitro porque los partidos eran de... ¡cien contra cien!

Un puesto con quesos

Un curandero charlatán

Rollos de seda traídos de Oriente

Una señora elige la tela para un vestido nuevo.

El juego de las manzanas

Un oso bailarín

Los luchadores entretienen a la gente.

¡Música, maestro!

En la Edad Media había dos tipos de música: la sagrada, que se tocaba en la iglesia, y la seglar, que se tocaba en casa. La música sagrada primitiva no conocía la armonía: la misa se cantaba con una única melodía, y no era precisamente pegadiza.

Los autos

Las primeras obras de teatro se representaban en las iglesias y su fin era enseñar la Biblia a los campesinos. Se llamaban autos religiosos y pronto se convirtieron en fábulas morales, en las que el bien siempre vencía al mal. Al poco, pasaron a representarse en la calle, donde había más espacio.

Link de Internet

En esta página podrás escuchar toda una serie de piezas de música medieval. La página está en inglés.

Para acceder a la página reseñada visita: www.usborne-quicklinks.com/es

Los productos más valiosos se venden en puestos que se cierran por la noche.

Una banda toca para que la gente baile.

En este puesto se venden productos locales, como la miel.

Espejos de plata pulida

Una función de títeres

Este clérigo regaña a un hombre que vende reliquias falsas, como plumas de ángel.

Cuchillos, lazos y baratijas

Estos mercaderes descargan un caballo.

Este mercader vende tarros de especias.

Música y movimiento

La música para bailar era mucho más alegre y animada que la de iglesia. Las bandas tenían desde dos músicos a una docena y tocaban el organillo, la viola, la flauta, la pandereta, el laúd, el arpa, el órgano, el clarinete, la trompeta, los platillos y el tambor. La gente bailaba formando un círculo y girando haciendo un paso determinado, según el baile y el ritmo.

Músicos ambulantes

Los músicos medievales estaban de gira continua. Los juglares eran cantantes que iban de un lugar a otro, actuando en castillos (cuando se les invitaba) o en la calle, y eran muy bien recibidos no solo por su música, sino también porque traían noticias de otras tierras.

Como los juglares viajaban tanto, sabían lo que ocurría en todas partes y lo iban contando. Sin embargo, las verdaderas estrellas de la época eran los trovadores, que podían cantar de memoria poemas y baladas de hasta 30.000 versos.

Los trovadores cantaban acompañándose de un laúd como éste, que se tocaba de forma parecida a la guitarra moderna.

# La caza

La caza no era un simple deporte, sino un modo de conseguir carne para comer y un importante acontecimiento social. Una jornada de caza comenzaba por la mañana; el señor y sus nobles invitados desayunaban bien temprano, montaban en sus caballos y se adentraban en el bosque.

Un cazador profesional y su jauría de perros se encargaba de rastrear al animal (ya fuera un jabalí, un lobo, un zorro, un oso o un venado) e indicar al señor la dirección que debía seguir. Entonces, el señor hacía sonar el cuerno de caza, se soltaba la jauría y la partida se lanzaba en pos de su presa.

Una partida de caza comienza la persecución.

El señor encabeza la partida de caza.

Estos campesinos caminan detrás de la carreta en la que se llevará la carne al castillo.

Una carreta de caza decorada, según un manuscrito medieval

Los batidores

En algunas cacerías participaban campesinos, que dejaban por un día sus cultivos para salir al bosque con su señor. Se llamaban batidores porque batían la maleza con unos palos largos para levantar las presas, es decir, asustarlas y hacerlas salir de sus madrigueras.

El cazador

Los perros llevaban un collar muy ancho para protegerse de los colmillos de los jabalíes.

Los bosques reales

La mayoría de los bosques eran propiedad del rey, aunque en general la mayoría de los señores tenían derecho a cazar en los bosques que rodeaban su propiedad.

Link de Internet

Visita esta página web sobre los deportes medievales.

Para acceder a la página reseñada y a otros muchos sitios web visita: www.usborne-quicklinks.com/es

Estos batidores ayudan a otro que ha tropezado con el tronco de un árbol.

Un cazador furtivo huye para no ser capturado.

La caza furtiva

Los señores cuidaban mucho la fauna de sus tierras. Solo ellos tenían derecho a cazar y ningún villano podía matar un animal, ni siquiera para proteger sus cosechas. Sin embargo, un campesino hambriento intentaba cazar lo que pudiera con arco y flechas, hurones, redes y trampas. Los castigos que sufrían los cazadores furtivos eran muy severos, pero preferían arriesgarse a pasar hambre.

A veces, los cazadores paraban a reponer fuerzas.

Este perro tiene una espina clavada en una pata.

Los sabuesos estaban entrenados para rastrear presas con su finísimo olfato.

Dos bandidos ocultos. Seguramente han cometido una fechoría e intentan escapar de la aldea.

77

La cetrería

La caza era normalmente cosa de hombres, pero la cetrería, es decir, la caza con aves rapaces, gustaba también a las señoras por ser una actividad mucho más sosegada (salvo para la pobre presa). Estas aves estaban entrenadas para alzar el vuelo desde la muñeca de su señor y lanzarse sobre las presas, que eran otras aves o animales pequeños, como conejos y liebres.

Unos nobles practican la cetrería, según esta ilustración sacada de un manuscrito francés.

Un halconero francés de hoy en día, vestido con atuendo medieval

El entrenamiento de un ave rapaz

Las aves de caza, que solían ser de la familia del halcón, estaban muy bien entrenadas. Por esa razón, su precio era muy elevado y los buenos entrenadores gozaban del respeto de todos. El rey Federico II de Alemania escribió un libro llamado *El arte de la cetrería*, en el que afirmó que el halconero ideal era de baja estatura, paciente, atrevido pero tranquilo, con buena vista y oído fino.

Las cuatro fases del entrenamiento

1. El ave se acostumbra a estar sobre la muñeca del halconero. Tiene las garras recortadas y lleva cascabeles y caperuza.

2. El halconero habitúa al ave a comer de su mano hasta que consigue domesticarla y que se acostumbre a la gente.

3. El halconero enseña al ave a atrapar comida al vuelo y a perseguir el señuelo. El halcón vuela ya sin caperuza, pero atado.

4. Finalmente, el ave aprende a cazar sin estar atada. Ataca a su presa y después vuelve al brazo del halconero.

La jerarquía

En el medievo, la vida estaba ceñida a un orden social muy estricto. En la cetrería ocurría lo mismo y existían reglas sobre el ave con la que uno podía cazar. Por ejemplo, el que un noble cazara con un halcón gerifalte no era del agrado del rey, puesto que los nobles debían limitarse a cazar con un halcón peregrino y sus esposas con un esmerejón hembra.

Emperador:
águila

Rey:
halcón gerifalte

El equipo

El señuelo sirve para llamar la atención del halcón.

La caperuza cubre los ojos del animal para que no se alarme.

La correa sirve para que el halcón no escape.

El guante acolchado evita que el ave pique la mano que lo alimenta.

Los cascabeles sirven para que el halconero pueda encontrar aves perdidas.

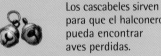
En esta bolsa de cuero se llevaba comida para recompensar a las aves cuando lo hacían bien.

Príncipe y noble:
halcón peregrino

Barón:
águila ratonera

Caballero:
sacre

Escudero:
borní

Dama:
esmerejón hembra

Campesino libre:
azor

Clérigo:
gavilán

Campesino:
cernícalo

Una dama se prepara para la caza bajo la atenta mirada de un halconero.

El halconero se encargaba de traer las aves desde el castillo.

Las damas montaban de costado.

El campesino y la aldea

El señor no solo era responsable de su familia y el personal del castillo, sino también de sus siervos de la gleba, campesinos o villanos que vivían y trabajaban en aldeas dentro de sus tierras. Al final de la época medieval, casi el 90% de la población europea vivía en aldeas.

La aldea

Con las aldeas ocurría como con los castillos. No había dos iguales, pero la mayoría seguía un patrón similar: estaban cerca del castillo, dentro de las tierras del señor y en ellas había una iglesia, 20 o 30 chozas para los villanos y un pozo o un arroyo. También solía haber un molino y una zona común donde pastaba el ganado. En el terreno que había alrededor, dividido en tres partes, se cultivaban alimentos para los habitantes de la aldea y el castillo (y, claro está, para cualquier ejército invasor).

Esta imagen muestra la organización de una aldea medieval, situada entre tres campos.

Campo norte (trigo)

Campo oeste (en barbecho)

Chozas de los campesinos

Campo este (cebada)

Zona de pasto común

Iglesia

Casa del clérigo

Chozas de los campesinos

Tierras comunes

Prado cercano al agua

Cada uno en su parcela

Los campos estaban divididos en pequeñas parcelas, apenas separadas por un sendero. A cada campesino se le asignaban parcelas en cada uno de los tres campos. Esto se hacía, entre otras razones, para que la tierra más fértil estuviese bien dividida (aunque el señor siempre se reservaba la mejor).

Este grabado medieval representa a un campesino sembrando semillas a mano.

Como las parcelas de los campesinos estaban separadas, perdían mucho tiempo yendo de una a otra. El sistema requería mucho esfuerzo por parte de todos: si uno no arrancaba las malas hierbas, éstas no tardaban en pasar a las parcelas de sus vecinos. Los cultivos iban rotando cada año, de forma que en un campo se cultivaba trigo, en otro cebada y el tercero se dejaba en barbecho (sin cultivar). Así se dejaba reposar el suelo, pero se desperdiciaba tierra.

Sin descanso

Cuando no tenían que trabajar en las tierras del señor (que tenían prioridad, sobre todo en la época de cosecha), los siervos podían trabajar sus tierras. En otoño araban sus parcelas, plantaban las semillas, reparaban las herramientas y limpiaban las acequias. Si tenían algún animal que no iban a poder alimentar en invierno, lo sacrificaban y conservaban su carne.

Una hoz medieval

La siega de las cosechas se hacía con hoces.

En primavera se plantaba avena, guisantes y alubias. Cuando llegaba el verano, se segaban y recogían las cosechas. Los villanos aprovechaban el sol para hacer heno: cortaban y secaban la hierba para que sus animales pudieran subsistir durante el invierno siguiente.

Las mujeres cultivaban verdura y fruta, además de hacer mantequilla y quesos. También se encargaban de fabricar la ropa de la familia, hilando lana hasta improvisar una tela tosca. Hasta los niños colaboraban, cuidando de los animales y asustando a los pájaros que se comían el grano.

La renta feudal

El noble era amo y señor de todo, pero sus siervos le pagaban un precio muy alto por su generosidad. A cambio de vivir en las tierras del señor y poder trabajarlas, los siervos tenían que entregarle buena parte de sus cosechas, además de numerosos tributos.

Los siervos pagaban con el sudor de su frente, trabajando una media de tres días a la semana en las tierras del señor. Además, a veces tenían que traerle un carro lleno de leña, prestarle un par de bueyes durante siete días al año o esquilar sus ovejas.

Los campesinos molían su grano en el molino del señor, fabricaban vino en su prensa y hacían el pan en su horno. Y claro, el señor les cobraba. Tenían que pagar incluso si una hija se casaba o si su hijo iba a la escuela.

La choza de un campesino. Se ha recortado una parte para que puedas ver el interior.

Se cocinaba sobre una hoguera.

Las verduras se cultivaban en un huerto junto a la choza.

¡Qué olor más rico!

A la sombra del enorme castillo del señor se alzaban las casas de sus siervos, que solían tener una o dos estancias y consistían en un armazón de madera con paredes de adobe (barro) y cañas. En ellas se hacinaba el campesino, su esposa, sus hijos y el cerdo o la cabra de la familia. Apenas había muebles: una mesa, varios taburetes y un arcón. Aunque algunos pudieran comprarse una cama, pocos tenían espacio y dormían como los sirvientes del castillo: en el suelo y sobre colchones de paja.

Una aldea situada en las tierras del señor, cerca del castillo

Link de Internet

Aquí podrás ver vídeos y fotos de un grupo de ambientación medieval representando escenas típicas.

Para acceder a la página reseñada y a otros muchos sitios web visita: www.usborne-quicklinks.com/es

El molino del señor

Pila de leña

Gansos

81

Crimen y castigo

Mucha gente piensa que la Edad Media fue una época sin ley. En realidad, sí que había leyes, y quien las incumplía tenía que responder ante su rey o su señor. Lo que no había era policía ni sistema carcelario, así que la justicia la impartía el rey o el señor y, por supuesto, sus soldados.

El tribunal feudal

Si alguien cometía un delito grave, como los asesinos o los ladrones, era perseguido por los alguaciles y juzgado por un tribunal del rey (aunque, en ocasiones, éstos se tomaban la justicia por su mano). El tribunal feudal, también llamado corte señorial, era el que formaba el señor en su castillo y se ocupaba de todo lo demás.

El señor impartía justicia en los conflictos locales y se embolsaba las multas de los culpables. Si un villano acusaba a otro de ir contando mentiras sobre él y se le consideraba inocente, el señor podía multar al primero por hacerle perder el tiempo. Pasara lo que pasara, el señor siempre ganaba algo. Cuando un siervo se negaba a trabajar en sus tierras o entraba en su bosque, un alguacil lo llevaba ante el tribunal.

El representante ciudadano expone un caso ante su señor.

Un tribunal feudal en plena sesión. Los dos oponentes están a punto de llegar a las manos.

Si un villano se hartaba del dominio de su señor, podía intentar huir. Si transcurría un año y un día sin que fuera capturado, se le consideraba hombre libre. Sin embargo, los demás villanos tenían el deber de denunciarlo. Como en las aldeas todo el mundo se conocía y era imposible esconderse, los fugitivos huían a las ciudades.

La ley en la ciudad

En las ciudades, los alcaldes y sus ediles se encargaban de juzgar a los malhechores. Durante el día, contrataban a un alguacil para hacer valer la ley y el orden. Por las noches, los ciudadanos hacían turnos de vigilancia. Todo el mundo, incluidos niños y ancianos, tenía la obligación de dar la voz de alarma si veía que alguien cometía un delito.

Los delincuentes eran juzgados rápidamente, aunque a veces los encerraban en una celda antes del juicio. Si se les declaraba culpables, se les ponía una multa y se les azotaba, pero no se les encerraba en prisión.

"Máscara de la vergüenza" germana, que se ponía a los hombres culpables de delitos menores

Llevaba cascabeles para avisar a todo el mundo de dónde estaba el portador.

Un castigo justo

En el medievo, humillar a la gente en público se consideraba la mejor manera de castigarla... y también el mejor método para disuadir a otros. Así, por ejemplo, a los chismosos se les castigaba con chapuzones en el río.

Así se castigaba a los chismosos.

Si un carnicero vendía carne en malas condiciones, podía pasarse una tarde en el cepo, expuesto al escarnio público y a la fruta podrida que le tiraba la gente.

A menudo, se intentaba que los castigos fueran acordes con el tipo de delito cometido: a los muy tozudos se les colocaba una brida; si alguien vendía vino agrio, se le condenaba a bebérselo y el resto se le echaba por la cabeza; si alguien cometía un delito más grave, podía recibir azotes, y a los asesinos y ladrones se les ahorcaba. No obstante, si un noble cometía una traición, podía optar por ser decapitado.

En los casos más graves, el señor reunía un jurado formado por villanos. Los castigos eran tan salvajes que, a veces, el jurado absolvía al criminal aunque fuera claramente culpable.

¡Soy inocente!

A principios de la Edad Media se usaban métodos antiguos para demostrar la inocencia. Si uno era capaz de luchar, se le permitía defenderse en un combate a muerte. Si no, podía optar por dar unos cuantos pasos portando un hierro candente y, si sanaba en tres días, se le declaraba inocente.

"Máscara de la vergüenza" germana que se le ponía a las mujeres acusadas de chismorrear

Esta ilustración representa un castigo a dos panaderos por vender pan duro.

Los delincuentes eran arrastrados por el pueblo.

El cepo

Estos villanos arrojan verduras y huevos podridos a los panaderos.

La ciudad y el comercio

Las primeras ciudades crecieron alrededor de los castillos y algunas incluso se construyeron al mismo tiempo. Esto se hacía porque algunos castillos eran tan grandes y necesitaban tantos víveres y servicios que con una aldea no bastaba. Además, los propietarios de los castillos se dieron cuenta de que una ciudad era más rentable, ya que sus habitantes pagaban rentas mucho más altas.

Una ciudad situada junto a un castillo. Fíjate en las murallas unidas.

★

¡Alto! ¿Quién vive?

Aunque las ciudades no estaban tan bien fortificadas como los castillos, sí contaban con murallas, almenas y torres. Había una enorme puerta de entrada, vigilada las veinticuatro horas del día. La guardia interrogaba a quien se acercase a la puerta y, de noche, no se permitía la entrada a los visitantes.

Los fueros

Al principio, el señor del castillo, ayudado por sus alguaciles, era quien gobernaba en la ciudad. Las ciudades o burgos fueron creciendo en tamaño y poder hasta que los mercaderes decidieron dar un dinero al señor y comprar sus fueros, es decir, su derecho a autogobernarse. Así nacieron el ayuntamiento y el alcalde, que se ocupaban de construir y arreglar caminos, organizar ferias y mercados o las defensas de la ciudad. Algunos fueros garantizaban la independencia total de un burgo, lo que marcó el nacimiento de las ciudades-estado.

Un mercader de vino en su bote

La vida en la ciudad

Las ciudades eran ruidosas y estaban llenas de gente y suciedad, porque la basura y las aguas fecales se acumulaban en las calles. Eran el lugar perfecto para las epidemias. La gente iba a vivir allí para poder ser libres y tal vez tener su propio negocio.

Los artesanos vivían en casas que servían también de taller. Algunos abrían tiendas en las que vendían los productos que fabricaban, pero la mayoría trabajaba por encargo. Pronto comenzaron a unirse, de forma que, por ejemplo, los panaderos vivían todos en una calle y los joyeros en otra.

Si no eras hábil con las manos, podías hacerte mercader y dedicarte a exportar productos locales o importar artículos exóticos, como especias y sedas. La comida se compraba en el mercado, donde acudía la gente del campo a vender alimentos frescos de todo tipo. Todo muy ecológico, porque aún no se habían inventado los pesticidas.

Una calle de un burgo medieval

Aunque había calles adoquinadas, la mayoría eran de tierra y tenían muchos baches.

En muchas casas, la chimenea era un simple agujero en el techo.

Estos aprendices juegan al fútbol.

Aprender un oficio

Así como los escuderos se entrenaban para ser caballeros, los hijos de los artesanos aprendían también su oficio. Los jóvenes trabajaban con los maestros como aprendices y vivían en los talleres. Un joven aprendiz trabajaba con ahínco, pero también sabía cómo olvidar las palizas y el hambre: en la calle se jugaba a versiones primitivas del fútbol o el balonmano.

Tras siete años de trabajo, el muchacho se convertía en oficial y podía realizar trabajos por cuenta propia. Después, podía llegar a ser maestro artesano, pero para eso necesitaba tener dinero y demostrar su habilidad como artesano realizando un trabajo que recibía el nombre de "obra maestra".

Los gremios

Los artesanos comenzaron a agruparse y a formar gremios, asociaciones comerciales que servían para organizarse y ayudar a los compañeros en los momentos difíciles. Los gremios se aseguraban de la calidad de los trabajos y de que los precios fueran justos, multando a los estafadores.

Los miembros de los gremios pagaban tasas y el dinero se usaba para cuidar de los compañeros enfermos (o de sus viudas). También se organizaban banquetes y festividades anuales en las que se representaban autos religiosos. Más tarde, los mercaderes ricos formaron sus propios gremios y pasaron a gobernar las ciudades.

■ Link de Internet

Recorre ambientaciones de mercados medievales y conoce un poco más alguno de los oficios de la época.

Para acceder a la página reseñada y a otros muchos sitios web visita: **www.usborne-quicklinks.com/es**

Los burgos tenían diez diez veces menos población que las ciudades actuales.

Un vigía monta guardia en las murallas de la ciudad.

Los carteles llevaban dibujado lo que se vendía porque muy poca gente sabía leer.

Los desperdicios se tiraban a la calle.

Escudo de armas del burgo

Puertas de la ciudad

Puesto del mercado

Los vendedores ambulantes iban de una ciudad a otra.

Del trueque al dinero

Al principio, el dinero no se utilizaba apenas y la gente prefería el trueque, es decir, intercambiar productos o trabajos. Con el tiempo, comenzaron a pagarse con dinero las compras y los salarios. Como los señores seguían queriendo hacer obras en sus castillos o pagarse lujos, creció la necesidad de dinero. Así nacieron los prestamistas (que más tarde serían los bancos), pese al desacuerdo de la iglesia. Los mercaderes se hicieron más ricos y surgió una clase nueva, que no eran ni terratenientes ni siervos: la burguesía. Fue el fin del sistema feudal.

Las ruinas del castillo cruzado de Sidón, en Oriente Próximo

El principio del fin

Donde sabremos por qué se dejaron de construir castillos. También podremos ver castillos más recientes y aprenderemos a visitar ruinas. En las últimas páginas estudiaremos la cronología de los castillos, los cambios de estilo, un glosario de términos y un índice geográfico que incluye cientos de castillos de Europa, Oriente Próximo y Japón.

El declive de los castillos

A finales del siglo XV se seguían construyendo castillos, pero a partir de entonces comenzó su declive en Europa Occidental, que se debió en parte a un cambio en la manera de hacer la guerra. Como los asedios eran tan caros y tan largos, se prefería salir a luchar a campo abierto.

La pólvora fue otro factor determinante, aunque no se pudiera hacer explotar un castillo entero. Los primeros cañones no eran muy fiables y las nuevas defensas del castillo (zanjas y terraplenes) absorbían el impacto de las bolas de cañón.

La razón principal de la decadencia de los castillos fue la caída del sistema feudal, junto al auge del nacionalismo (lealtad a la nación). Los nobles perdieron poder en favor del rey y dejaron de luchar por sus territorios, por lo que ya no necesitaban vivir en fortalezas.

Castillos de hoy

Si un señor medieval pudiera ver su castillo hoy en día, le costaría mucho reconocerlo, ya que seguramente estaría en ruinas o tan cambiado que parecería otro. Sin embargo, siempre habría detalles que le ayudarían (y a ti también) a reconstruir mentalmente el castillo original.

Nada más entrar, observa unas ranuras reveladoras que habrá a ambos lados, en las que iba el rastrillo que se subía para dar acceso al castillo. Por fuera, tal vez aún se vean los agujeros donde iba montado el cadahalso. Si el castillo está rodeado por una zanja embarrada, es que has encontrado lo que fue el foso.

Si hay alguna puerta o chimenea en mitad de una pared, significa que ahí estaría el suelo original, pero que se pudrió hace tiempo. Fíjate bien en los mechinales, agujeros cuadrados en los que se colocaban las vigas del techo.

Parte del interior del castillo en ruinas de Rochester, en Kent (Inglaterra)

Sistema feudal: RIP

Al sistema feudal lo mataron dos cosas: un pueblo harto y las pulgas. Los gobernantes ya no querían que fueran los caballeros quienes lucharan por ellos, sino soldados profesionales y bien disciplinados. Por su parte, los caballeros querían que los campesinos trabajaran siempre en sus tierras y no que tuvieran sus propios campos que arar.

Y claro, los campesinos querían ser libres. Entonces, en el año 1347, las pulgas de las ratas trajeron a Europa una epidemia que se llamó Peste Negra y que en menos de tres años acabó con un tercio de la población del continente, la mayoría campesinos. Los pocos que sobrevivieron se rebelaron y exigieron cobrar un salario. Si un noble no les pagaba, se iban a otra parte, hasta que encontraban a uno que sí.

El castillo de Corfe, en Dorset (Inglaterra), se construyó alrededor del año 1080. Originalmente, era un fuerte de mota y empalizada en la ladera de una colina.

La torre del homenaje, las torres y las murallas fueron añadidas por diferentes monarcas. Fue destruido durante la guerra civil inglesa de la década de 1640.

Los castillos de Enrique VIII

Cuando la artillería comenzó a cobrar importancia, los castillos ya eran más residencias que fortalezas. Además, los cañones tenían que emplazarse en edificios con muros anchos y de escasa altura, muy poco adecuados para vivir.

Esquema de un fuerte artillado (para cañones)

Entrada principal

Torre del homenaje

Muralla interior

Muralla exterior

Zanja

Arsenal y almacenes subterráneos

Poterna (puerta trasera)

★

Con el cañón nació la figura del artillero. Así, se construyeron nuevas defensas para los cañones y los soldados que los disparaban. En la década de 1540, el rey Enrique VIII de Inglaterra construyó una serie de fuertes artillados muy parecidos a los antiguos fortines de madera. La construcción de los castillos volvía al punto donde había empezado.

Link de Internet

¿Has oído hablar del Cid Campeador? Es el prototipo del caballero español y su figura está envuelta en leyenda. Visita esta página para aprender más sobre él. También puedes descargar "El Cantar del Mio Cid".

Para acceder a la página reseñada y a otros muchos sitios web visita: www.usborne-quicklinks.com/es

La guerra civil inglesa

La mayoría de los castillos se abandonaron a su suerte e incluso se usaron sus piedras para construir casas, aunque en Inglaterra volvieron a la acción durante la guerra civil que estalló a mediados del siglo XVII. Ambos bandos se hicieron fuertes en sus castillos y retornó la época de los largos asedios. Lo malo es que los parlamentarios, cuando vencieron, comenzaron a destruirlos para evitar que cayeran en manos de los partidarios del rey.

Los castillos románticos

Doscientos años más tarde volvió la moda de los castillos, pero esta vez por influencia de los cuentos de hadas. El rey Luis II de Baviera, conocido como "Luis el Loco", se gastó toda su fortuna en castillos. El de Neuschwanstein, uno de los más famosos, se erigió en 1869. Parece sacado de un cuento. Tiene un diseño que desborda tanta imaginación y fantasía que ha influido en el aspecto de muchos de los parques temáticos de hoy en día.

El castillo de Neuschwanstein o "Castillo del Cisne" se llama así porque en todas sus estancias se puede ver una representación de este animal.

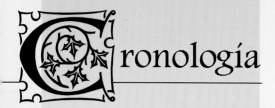

950

A partir de mediados del siglo X y durante toda la Edad Media se hicieron frecuentes las guerras y los conflictos en Europa: en Alemania estallaron guerras entre estados rivales y emperadores; en Italia hubo conflictos entre emperadores y papas; en España, los bandos cristiano y musulmán pugnaban por el dominio de la península Ibérica. Así pues, la necesidad de construcciones para la defensa era imperiosa.

h. 950 Se construyen fortalezas primitivas.

Un señor y su dama en el año 1000

1000

h. 1000
La sociedad se basa en el feudalismo o sistema feudal.

La construcción de fortalezas de madera (fuertes de mota y empalizada) se extiende por toda Europa. Primeros castillos de piedra.

Los soldados utilizan escudos enormes y se inventa la cota de malla para protegerlos en combate.

El legendario guerrero Rodrigo Díaz de Vivar, el Cid Campeador, lucha para expulsar a los moros de la península Ibérica.

1050

1066 Batalla de Hastings. Guillermo, Duque de Normandía (en Francia), conquista Inglaterra y pasa a ser Guillermo I.

1073 En Inglaterra, los sajones se rinden al emperador Enrique IV.

h. 1078 Guillermo I construye la llamada Torre Blanca, una de las primeras torres del homenaje inglesas, que dominó la capital, Londres.

1083 El emperador Enrique IV ataca Roma.

1091 Los aventureros normandos conquistan Sicilia.

1096-1099 Primera Cruzada. En total fueron nueve.

1100

h. 1100
Las torres de piedra sustituyen a los fuertes de madera en Inglaterra.

1113 Se funda la Orden de San Juan (Caballeros Hospitalarios) para defender los reinos cristianos en Tierra Santa.

1120 Se funda la Orden de los Caballeros Templarios.

1139 Guerra civil en Inglaterra entre Matilda y Esteban I de Blois.

Un señor y su dama en el año 1100

1150

h. 1150
Se construyen castillos de piedra por toda Europa.

Encima de la cota de malla se usa una sobrevesta, a menudo decorada con el escudo de armas del caballero.

1152 Enrique II de Inglaterra se casa con Leonor de Aquitania y pasa a controlar gran parte del territorio de Francia. Conflictos territoriales.

h. 1180 Primeras fortalezas poligonales.

1190 Se funda la Orden de los Caballeros Teutónicos.

Un señor y su dama en el año 1200

1200

h. 1200
Se construyen cubos o torres redondas. Las dependencias de los castillos se empiezan a construir también en el patio de armas. Comienza el declive de las torres del homenaje.

En los lienzos de murallas se construyen cubos o torres circulares a intervalos regulares.

1204 Felipe II de Francia arrebata Normandía al rey Juan de Inglaterra.

1226-38 Los Caballeros Teutónicos conquistan Prusia.

1245 El Papa destrona al emperador Federico II y estalla una guerra.

1250

Primeros matacanes de piedra

h. 1270 Gilbert de Clare construye el castillo de Caerphilly, primer castillo concéntrico de las Islas Británicas.

1282 Los sicilianos aniquilan a sus gobernantes franceses.

1291 Cae Acre, el último reducto cristiano en Palestina.

1292 Eduardo I de Inglaterra interviene en Escocia, dando lugar a hostilidades que duraron más de 200 años.

1300

h. 1300
Se empiezan a usar placas metálicas (armaduras) sobre la cota de malla.

Los diseñadores de castillos comienzan a preocuparse más de la comodidad que de la defensa.

1307-14 Los Caballeros Templarios son derrotados por el Papa y el rey Felipe IV de Francia.

1309 Los Caballeros Teutónicos trasladan su sede a Marienburgo.

1310 Los Caballeros Hospitalarios trasladan su sede a Rodas.

h. 1330 Primeros cañones

1347-51 La Peste Negra arrasa Europa y acaba con un tercio de la población.

Un señor y su dama en el año 1300

1350

h. 1350
El sistema feudal comienza a hundirse.

Castillos más cómodos en lugar de mejor defendidos. Algunos se hacen de ladrillo.

1337-1453 Guerra de los Cien Años entre Francia e Inglaterra.

1370 Tras el asedio de Limoges, en Francia, Eduardo, el Príncipe Negro, (hijo mayor del rey Eduardo III de Inglaterra) masacra a sus habitantes.

1400

Un señor y su dama en el año 1400

h. 1400
Declive de los castillos en Europa.

Los caballeros llevan armadura completa.

1410-11 Guerra civil en Francia

1415 Enrique V de Inglaterra derrota a los franceses en Agincourt.

1429 Juana de Arco, una campesina francesa, acaba con el asedio inglés de Orleáns, en Francia. Dos años más tarde, los ingleses la capturan, la juzgan y la queman por bruja.

1442 Alfonso de Aragón conquista Nápoles, en Italia.

1450

1457 Los polacos conquistan Marienburgo y los Caballeros Teutónicos se trasladan a Königsberg.

1485 Tras 30 años de guerra civil en Inglaterra, Enrique Tudor sale vencedor.

1492 Toma de Granada y fin de la Reconquista española.

Cristóbal Colón descubre América.

1494-5 Los franceses invaden Italia, pero son repelidos.

1498 Luis XII de Francia invade Italia y conquista Milán.

1500

h. 1540
Enrique VIII construye una serie de fuertes artillados en la costa de Inglaterra.

1642-49 Guerra civil inglesa, en la que se usan y destruyen muchos castillos.

1869 Luis II comienza a construir castillos de cuento de hadas en Baviera.

Un señor y su dama en el año 1500

🏰 Link de Internet

Consulta en línea un interesante diccionario de términos medievales.

Para acceder a la página reseñada y a otros muchos sitios web visita:
www.usborne-quicklinks.com/es

Glosario

adarga: escudo

administrador: ayudante personal de un *señor feudal*. Los más ricos tenían dos: uno se encargaba del castillo y el otro de las tierras que poseía

alambor: contrafuerte de piedra que sirve para reforzar un muro

alcaide: persona encargada de la seguridad del castillo y representante del señor

alguacil: representante de la justicia encargado de detener a los malhechores

almenar: añadir *almenas* a una muralla

almenas: *parapetos* dentados que se construían sobre las murallas para proteger a los defensores del castillo

almófar: capuchón de malla que llevaban los *caballeros* bajo el *yelmo* o la *celada*

aprendiz: muchacho que está aprendiendo un·oficio

arco: arma para lanzar flechas que consiste en una cuerda atada a una madera curvada

ariete: tronco grueso de madera con punta de hierro que se utilizaba para derribar puertas o muros. A menudo se colgaba de un armazón cubierto

Ariete

armadura: traje protector de metal que se ponían los *caballeros* para batallar. Si era de cuerpo entero, se llamaba *arnés de caballero*

arnés de caballero: *armadura* de cuerpo entero que llevaban los *caballeros* medievales para entrar en combate

asediar: rodear un castillo o una ciudad y esperar a su rendición mientras se realizan ataques e intentos de conquista

aspillera: ver *saetera*

ballesta: *arco* colocado transversalmente sobre un soporte de madera y que lanza dardos con gran fuerza y precisión

barbacana: fortificación avanzada y aislada de la muralla principal que ayudaba a defender la puerta de entrada al castillo

barda: armadura metálica que se fabricaba para los caballos de batalla

bastida: *torre de asedio*

batidor: campesino que, durante las cacerías, golpeaba la maleza con un palo para levantar las presas

blasón: ver *escudo de armas*

Cota de malla

Arco

bodega: lugar en el que se guardaba la bebida en los castillos

botellero: persona que se encargaba de la *bodega* y la bebida del castillo

buhederas: agujeros situados en el techo del pasillo de entrada al castillo, por el que los defensores arrojaban piedras y otros proyectiles sobre los atacantes. También servían para apagar posibles incendios

Las palabras en *cursiva* también figuran en el glosario.

burgo: ciudad medieval

caballero: noble o *hidalgo* que combatía montado a caballo

cadahalso: *parapeto* de madera que se construía en lo alto de la muralla y servía para hostigar al enemigo con piedras y otros proyectiles

calabozo: ver *mazmorra*

campo: en *heráldica*, fondo o color principal del escudo

cañonera: ver *tronera*

casa-torre: casa señorial del *medievo* en forma de torre de gran altura y con un único acceso elevado

castillo concéntrico: castillo con varios *lienzos* de murallas, cada vez de mayor altura

celada: en una *armadura*, pieza que cubre y protege la cabeza

centinela: miembro de la guardia encargado de vigilar la llegada del enemigo

cetrería: arte de cuidar, amaestrar y entrenar aves rapaces para la caza

chambelán: encargado de las cuentas del castillo y las finanzas del señor, en colaboración con el *administrador*

contramina: túnel que construían los defensores de un castillo para intentar evitar que una *mina* de los atacantes consiguiese su propósito

corcel: caballo ligero, de gran alzada, que se usaba en *justas* y batallas

corte señorial: ver *tribunal feudal*

cortina: ver *lienzo*

cota de malla: *jubón* de anillos de hierro unidos que protegen el cuerpo del que lo lleva

cruzada: guerra entre los cristianos y los musulmanes (1096-1291)

cruzados: *caballeros* europeos que lucharon contra los musulmanes por *Tierra Santa*

cubo: torre de planta circular que se construía para proteger las murallas

desarzonar: derribar a un *caballero* de su *corcel*

despensero: persona encargada de la comida del castillo

donjón anular: torre circular erigida de forma que deja un patio en el centro

empalizada: barrera hecha con palos o estacas afiladas

escribano: persona capaz de leer y escribir que normalmente era un *clérigo* y se encargaba de escribir cartas y ayudar al *chambelán* a llevar las cuentas del castillo

escudero: ayudante personal de un *caballero*. Después del *paje*, era el siguiente paso hasta llegar a ser armado *caballero*

Castillo concéntrico

Pica

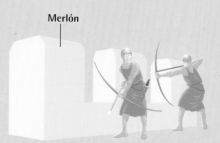

escudo de armas: emblema que decoraba el escudo de un *caballero* y lo identificaba

espuela: rueda dentada que los *caballeros* llevaban en los talones para dominar a sus monturas

Yelmo

estafermo: poste con un brazo giratorio (con un escudo a un lado y un contrapeso al otro) que servía para entrenarse para las *justas*

feudalismo o **sistema feudal**: sistema de derechos y obligaciones basado en la posesión de la tierra

flechero: artesano que fabricaba flechas

fueros: derechos de autogobierno que una ciudad podía adquirir si pagaba una cierta cantidad a su rey o a su señor

fuerte artillado: fortificación armada con cañones

gambax: chaqueta o *jubón* acolchado que llevaban los *caballeros* debajo de la *cota de malla* para protegerse de las rozaduras del metal

Donjón anular

gambesón: *jubón* parecido al *gambax*, pero más largo y pesado

gran salón: salón principal del castillo, donde la gente trabajaba, comía e incluso dormía

greba o **grebón**: parte de la *armadura* o *arnés de caballero* que protegía las espinillas

gremio: grupo de artesanos de la misma profesión, asociados para cuidar la calidad de sus productos y prestarse ayuda mutua

guantelete: guante que llevaban las *armaduras* de los *caballeros*

guarnición: en una fortaleza, conjunto de soldados que se encargan de su defensa

gules: en *heráldica*, nombre que recibe el color rojo

halconera: lugar donde vivían los halcones y aves rapaces del castillo

halconero: persona que entrenaba a los halcones y aves rapaces empleadas en la *cetrería*

heráldica: arte de describir y diseñar *escudos de armas*

Merlón

heraldo: persona que reconoce y diseña *escudos de armas*. El heraldo era el encargado de anunciar a los *caballeros* que participaban en un *torneo* y, en general, de anunciar acontecimientos

herrador: persona que se encarga de colocar herraduras a los caballos

hidalgo: persona que pertenecía a la baja nobleza y vivía de su patrimonio

infante: soldado de infantería, es decir, que combate a pie

jubón: antigua prenda de vestir ajustada, que cubría desde los hombros hasta la cintura

juglar: músico ambulante que iba de un castillo a otro llevando su música además de noticias de tierras lejanas

justa: *torneo* en el que dos *caballeros* se acometen a caballo e intentan *desarzonar* al otro con una lanza

ladroneras: ver *matacanes*

letrina: retrete del castillo

lienzo: muralla que rodea un castillo

Buhederas

limosnero: persona que reparte limosnas a los pobres

loriga: *jubón* de placas de metal unidas o de cuero con refuerzos metálicos

maestro de obras: arquitecto del castillo

manoplas: guantes de malla y cuero que llevaban los *caballeros*

mariscal: en el *medievo*, persona a cargo de las cacerías y de los animales del castillo

marmitón: pinche o ayudante de cocina

matacanes: *cadahalso* de piedra o voladizo situado sobre una muralla con el suelo aspillerado (con agujeros) desde el que se lanzaban proyectiles al enemigo

mazmorra: celda situada en los sótanos del castillo en la que se encerraba a los prisioneros mientras esperaban a ser juzgados

mechinales: agujeros en los muros donde se encajaban los andamios de madera que servían para la construcción de un castillo

medievo: Edad Media

mercenario: soldado que alquila su espada al mejor postor

Torre de asedio

merlón: *parapeto* de las *almenas* donde se protegían los soldados

mesnada: tropa o grupo de soldados que seguían a un señor

mina: túnel que se excavaba por debajo de una torre o muralla de un castillo para intentar derrumbarla. Ver también *contramina*

mota: colina artificial que se construía para dificultar el acceso a una fortificación y dominar un territorio

muslera: ver *quijote*

Orden de Caballería: código de conducta que seguían los *caballeros*

paje: muchacho que comienza su entrenamiento como *caballero*

palafrén: caballo de menor categoría que se usaba para la monta diaria

parapeto: muro de baja altura situado sobre una muralla que sirve para protegerse

patio de armas: recinto amplio situado en el interior de un castillo. En él podía congregarse toda la *guarnición*

Peste Negra: terrible epidemia que arrasó toda Europa a mediados del siglo XIV

pica: lanza de gran longitud

plaquín: túnica de *cota de malla*

poterna: puerta pequeña y escondida por la que los defensores del castillo podían lanzar ataques por sorpresa

prestamista: banquero medieval que prestaba dinero a la gente y les cobraba por ello

puente levadizo: puente que podía retirarse para que el enemigo no entrase en el castillo

puerta de la traición: ver *poterna*

quijote: parte de la armadura o *arnés del caballero* que protegía el muslo

rastrillo: puerta hecha de barras de hierro situada en la *torre-puerta* que se subía y bajaba para permitir la entrada al castillo

recaudador: persona que se encargaba de recaudar o recolectar la *renta feudal*

Un trabuco antes y después del disparo

renta feudal: tributo que pagaban los *siervos* de un *señor feudal* por el uso de sus tierras

ristre: hierro de forma curva que servía de apoyo a la lanza en el momento de acometer contra el adversario en una *justa* o en un combate real

sable: en *heráldica*, nombre que recibe el color negro

saetera: abertura estrecha en una muralla o una torre de un castillo, a través de la cual se disparaban flechas

samurai: *caballero* japonés

senescal: mayordomo mayor del castillo

señor feudal: *caballero* rico y con tierras que administraba a su antojo. Tenía una serie de *vasallos* que le obedecían y le pagaban una *renta feudal*, mientras que él era a su vez vasallo del rey o del noble que le cediera las tierras

siervo de la gleba: campesino que estaba obligado a trabajar las tierras de un *señor feudal* a cambio de una parte de las cosechas que obtenía

sillar: piedra tallada

sinople: en *heráldica*, nombre que recibe el color verde

sitio: ver *asediar*

sobrevesta: prenda de tela que llevaban los *caballeros* sobre la *cota de malla*

Tierra Santa: actual Palestina

torneo: competición medieval en la que se celebraban *justas* y otro tipo de pruebas, como tiro con *arco* o lucha libre

torre de asedio: construcción de madera para alcanzar las *almenas* de un castillo durante un asedio

torre del homenaje: edificio fortificado que constituía el lugar más seguro y fuerte del castillo

torre-puerta: torre fortificada que protege la puerta de entrada al castillo

torrona: casa señorial similar a la *casa-torre* pero de mayor altura, que se construía en la frontera entre Escocia e Inglaterra

trabuco: especie de catapulta medieval de grandes dimensiones

trabuquete: *trabuco* de menor tamaño

tribunal feudal: tribunal que formaba el señor en su castillo y que administraba justicia en las disputas locales. También recibe el nombre de *corte señorial*

tronera: abertura en la muralla por la que se disparaban armas de fuego

trovador: *caballero* que componía y cantaba trovas o poemas sobre hazañas realizadas por el amor de una dama

vasallo: en el *feudalismo o sistema feudal*, uno era vasallo de quien le cedía las tierras donde vivía y le debía obediencia y una *renta feudal*. El único que no debía obediencia o vasallaje a nadie era el rey

vidrieras: ventanales con cristales de colores que decoraban los últimos castillos y las catedrales

vikingo: antiguo habitante de Escandinavia

villano: campesino que vivía en una villa o aldea y pagaba una *renta feudal* a un señor

yelmo: casco con forma de tonel y una estrecha abertura para mirar

Películas

El cine puede enseñarte muchas cosas sobre el mundo medieval y sobre cómo era la vida en los castillos. Eso sí, ten en cuenta que muchas películas dan una idea idealizada y más limpia de la vida medieval.

El Cid narra la leyenda del famoso héroe castellano Rodrigo Díaz de Vivar e incluye magníficas secuencias de justas medievales.

En *Robin Hood, príncipe de los ladrones* hay escenas muy interesantes de la vida en una fortaleza de la Edad Media.

En *El león de invierno* podrás ver con gran detalle cómo era la vida en un castillo.

apa de los castillos de Europa

En este mapa se muestran algunos de los muchos castillos europeos que aún siguen en pie. Una lista completa ocuparía todo el libro y aun así sería imposible incluirlos todos. Los que sí figuran han sido mencionados en el libro, fueron importantes en su época o están entre los mejor conservados o restaurados.

En las páginas 96-97 hay una lista numerada de todos los castillos que aparecen en este mapa. Si quieres saber más sobre algún castillo en concreto, mira el número que tiene la banderita y búscalo en la lista o bien pasa la página, elige un castillo de la lista y búscalo en el mapa. En las páginas 98-99 hay mapas que muestran algunos de los castillos de Japón y Oriente Próximo.

A primera vista, los mapas muestran el emplazamiento de los castillos. Si te fijas, verás que casi siempre se construían en la ribera de algún río (para tener siempre agua) o en lugares estratégicos, para proteger pasos fronterizos o costas. Hay zonas en las que hay muchos castillos, lo que significa que eran áreas conflictivas en la Edad Media.

* No está a escala.

OCÉANO ÁRTICO

Mar de Noruega

Mar de Barents

FINLANDIA
51

120

NORUEGA   SUECIA

134

ESTONIA
117

135   136   Mar Báltico   LETONIA
118

DINAMARCA   30   31   29   LITUANIA

RUSIA

2   122   121   RUSIA

ALEMANIA   BIELORRUSIA

5

1   9   17   POLONIA

7   14   16   131   UCRANIA
15   132   130   123

13   8   1

REPÚBLICA CHECA   18

12   4   19   20   ESLOVAQUIA   83
82

AUSTRIA   MOLDAVIA

42   21   22

111   116   23   HUNGRÍA   RUMANÍA

110   115   37   133

CROACIA

BOSNIA–
HERZEGOVINA

ESLOVENIA   YUGOSLAVIA   Mar Negro

BULGARIA

113

ITALIA   112   109   MACEDONIA   TURQUÍA

ALBANIA

GRECIA

SICILIA   114

RODAS   CHIPRE
77   (GRECIA)

MALTA

CRETA

95

# Índice geográfico: Europa

68 Saumur: castillo de cuento de hadas, escenario de *Les très riches heures*, libro medieval escrito para el duque de Berry.

69 Tarascón

GALES

70 Aberystwyth: *ver página 28*.

71 Beaumaris: *ver página 28*.

72 Caernarfon: fuerte de mota y empalizada erigido en 1090; fue reconstruido en piedra por el rey Eduardo I de Inglaterra entre 1283 y 1330, con la intención de convertirlo en su residencia galesa.

73 Caerphilly: *ver páginas 28-29*.

74 Harlech: *ver página 28*.

75 Pembroke: torre del homenaje redonda

76 Rhuddlan: *ver página 28*.

GRECIA

77 Rodas: construido por los Hospitalarios, una orden de caballeros cristianos, a principios del siglo XIII.

HOLANDA

78 Doornenburg: castillo de ladrillo con algunas partes que datan del siglo XIII

79 Muiderslot: su emplazamiento se ha utilizado desde el año 1000.

80 Radboud: gigantesco castillo construido en el siglo XIII en el emplazamiento de un fortín más antiguo. Demolido en su mayor parte en el siglo XIX.

81 Rozendall: castillo de ladrillo con muros de 4 m de grosor.

HUNGRÍA

82 Esztergom: construido en la ribera del Danubio, en un emplazamiento estratégico desde la época romana. El castillo data del siglo X.

83 Sarospatak: se erigió en el siglo XII para proteger el valle de Bodrog y se amplió un siglo más tarde.

INGLATERRA

84 Alnwick: fuerte de mota y empalizada, reconstruido en piedra en el siglo XII y reconvertido en un donjón anular con siete torres.

85 Arundel

86 Bamburgh

87 Berkeley: mota y dos recintos. Reconvertido en donjón anular. Hoy en día, aún pertenece a la familia Berkeley.

88 Bodiam: *ver página 30*.

89 Conisbrough: con torre poligonal

90 Corfe: *ver página 88*.

91 Dover: castillo real construido para defender la costa inglesa frente al Canal de la Mancha.

92 Framlingham: *ver página 16*.

93 Kenilworth: gran castillo del siglo XII con modificaciones posteriores

94 Leeds

95 Orford: con torre poligonal

96 Oxford

97 Restormel: donjón anular

98 Richmond: castillo normando. Se dice que tiene el gran salón más antiguo de las islas británicas.

99 Rochester: castillo en ruinas. Uno de los más impresionantes de Inglaterra, con un gran salón magnífico.

100 Torre de Londres: construida por

Guillermo I alrededor del año 1087. La torre del homenaje es cuadrada y se conoce como La Torre Blanca.

101 Warkworth: data del 1400 y su torre del homenaje tiene forma de estrella.

102 Warwick: fundado en el 1068 pero con modificaciones posteriores; sigue siendo el hogar de los condes de Warwick.

103 Windsor: castillo real, una de las residencias de la reina de Inglaterra.

IRLANDA

104 Blarney: castillo de piedra construido en 1210. En él se encuentra la "Piedra de Blarney", que se dice da el don de la elocuencia a quien la besa.

105 Cahir: uno de los castillos más grandes y mejor conservados de Irlanda. Una de las torres tiene una escalera que baja hasta el río, para que sus habitantes tuvieran agua durante los asedios.

106 Carrickfergus: erigido en el año 1180, fue el primer castillo construido para un noble anglo-normando.

107 Roscommon: patio rectangular y barbacana con torres gemelas

108 Trim: torre del homenaje en un patio de armas triangular

ITALIA

109 Bari: torre del homenaje cuadrada entre cuatro torres enormes hechas de piedra

110 Buonconsiglio: construido entre los años 1239-1255, aunque la enorme torre redonda de Augusto puede datar de la época romana.

111 Caldes

112 Castel del Monte: *ver página 32*.

113 Castel Sant'Angelo

114 Castello Ursino (Sicilia): castillo cuadrado con torres redondas o cubos, construido en 1239 y modificado más tarde.

115 Stenico: se comenzó a erigir en 1163 y es una mezcla de estilos que abarca hasta el siglo XV, época en que se convirtió en una residencia más cómoda.

116 Toblino: emplazado en una isla; la torre y las dependencias están situadas en un extremo.

LETONIA

117 Riga: castillo grande y con base rectangular, construido por los Caballeros Teutónicos

LITUANIA

118 Trakai: castillo situado en el centro de un conjunto de lagos; data del siglo XIV y tiene torre del homenaje y tres cubos.

LUXEMBURGO

119 Vianden: ruinas del siglo XIII y XIV de uno de los castillos más grandes de Europa; en su gran salón cabían 500 personas.

NORUEGA

120 Akershus: castillo-palacio, modificado con el paso de los años pero con los muros originales del siglo XIV en el centro; hoy en día es una de las residencias reales.

POLONIA

121 Marienburg: castillo rectangular de ladrillo, sede de la Orden de los Caballeros Teutónicos

122 Marienwerder: fortaleza del siglo XIV construida por los Caballeros Teutónicos

123 Wawel: situado en Cracovia, en el emplazamiento de un fortín de madera del siglo VIII. En el siglo XIV se construyó una catedral en su interior.

PORTUGAL

124 Beja: construido sobre el emplazamiento de un antiguo fortín romano. Ha sufrido muchas alteraciones.

125 Braganza: torre del homenaje construida por el rey portugués Sancho I en 1187 para proteger a Portugal de España.

126 Elvas: la torre del homenaje más grande de Portugal, construida por los moros pero capturada en 1226 por Sancho II, quien realizó modificaciones.

127 Guimaraes: castillo del siglo XV con una torre del homenaje construida a partir de la torre de una fortaleza anterior.

128 Leiria: castillo-palacio con una enorme torre del homenaje cuadrada.

129 Silves: fortaleza construida por los moros, reconstruida y ampliada por los cristianos y restaurada en el siglo XX.

REPÚBLICA CHECA

130 Hukvaldy: castillo de piedra del siglo XIII, hoy en ruinas. En contra de la costumbre habitual, nunca fue modificado.

131 Kalich: castillo en ruinas de Jan Zi ka, caudillo militar checo

132 Karlštein: construido en 1348 por Carlos I de Hungría. Reconstruido en el siglo XV por Carlos IV, emperador del Sacro Imperio Romano.

RUMANIA

133 Bran: castillo de madera del siglo XIII construido para proteger la ciudad de Sibiu y reconstruido en piedra en 1377. Se dice que es el escenario de *Drácula*, la novela del siglo XIX.

RUSIA

134 Novgorod: es la fortaleza más antigua de Rusia que se conserva y fue construida por el rey Yaroslav en 1044.

SUECIA

135 Hälsingborg: fue erigido por los daneses junto al estrecho que separa los dos países (en la época en la que Suecia estaba bajo dominio danés) y reconstruido en 1370. Tiene muros de más de cuatro metros y medio de grosor.

136 Kalmar: fortaleza de finales del siglo XIII, con muralla circular, cuatro cubos, dos barbacanas y torre del homenaje

SUIZA

137 Aigle: castillo del siglo XV con una torre del homenaje enorme, construida en el siglo XI

138 Chillon: *ver página 33*.

139 Grandson: fortaleza enorme que data del siglo XIII, con muros altísimos y torres redondas o cubos

140 Habsburgo: fue construido como residencia de la familia real de los Habsburgo, aunque sufrió muchas modificaciones.

141 Kyburg: originario del siglo XIII, aunque en la capilla hay murales del siglo XV.

142 Tarasp: castillo del siglo XI que sigue en pie en la actualidad

JAPÓN

1. Edo: construido en 1457 en Edo (Tokio) antes de convertirse en una gran ciudad. La fortaleza principal fue destruida en un incendio 200 años más tarde y no fue sustituida. El actual emperador de Japón y su familia viven en una parte del Edo-jo o castillo de Edo, dentro del palacio imperial.

2. Hamamatsu (Hikuma-jo): erigido en 1570 y ampliado en 1577. La muralla actual data de 1577 aunque la torre ha sido reconstruida.

3. Hikone: se tardaron casi 20 años en construirlo. Una ley japonesa decretó que sólo podía haber un castillo en cada provincia, así que para construirlo se usaron piedras de otras fortalezas cercanas.

4. Himeji*: las obras comenzaron a mediados del siglo XIV, pero no se terminó hasta el año 1609. Sus gruesos muros se construyeron para resistir a los ataques y también a los terremotos.

5. Hirosaki (Takaoja-jo): torre de tres pisos construida en 1810 para sustituir otra de 1611, de cinco pisos, que se incendió apenas 20 años después de su construcción, tras ser alcanzada por un rayo.

6. Hiroshima: reconstrucción del castillo erigido por un poderoso daimio de finales del siglo XVI. Fue destruido por la bomba atómica en la Segunda Guerra Mundial.

7. Inuyama (Hakutei-jo): construido en 1537. Sigue siendo propiedad de la familia que lo heredó a principios del siglo XVII.

8. Kakegawa (Kumokiri-jo): se construyó en 1513 y se renovó a finales del S. XVI. La torre se reconstruyó utilizando métodos tradicionales.

9. Kumamoto: construido en el 1600 pero incendiado en su mayor parte durante un asedio. Una de las torres, que recuerda a una torre del homenaje, podría ser la primera que se sustituyó más tarde, porque las tejas están en línea recta en vez de formar una curva.

OCÉANO ÁRTICO

HOKKAIDO

HONSHU

JAPÓN

Mar del Japón

SHIKOKU

KYUSHU

Mar de la China Oriental

OCÉANO PACÍFICO

10. Nihonmatsu: conjunto de dos castillos, uno en la cima y otro en la base de una colina. El primero se construyó a finales del siglo XIV. El segundo, casi dos siglos más tarde.

11. Osaka (Kin-jo): construido en 1583 y capturado en 1615, a pesar de lo bien fortificado que está. En el año 1620, sus nuevos propietarios lo ampliaron, pero se quemó tras ser alcanzado por un rayo.

12. Wakamatsu (Kurokawa-jo): construido en 1384, aunque la torre que queda en pie data del siglo XVI.

* Ver página 53.